汽车悬架、转向与制动系统维修
（第2版）

主　编　杜　峰　谭文孝
副主编　龚文奇

北京理工大学出版社
BEIJING INSTITUTE OF TECHNOLOGY PRESS

内容简介

本书根据汽车类专业教学标准及从事汽车职业的在岗人员对基础知识、基本技能和基本素质的需求，结合汽车专业人才培养的目的，重点介绍汽车悬架系统、汽车转向系统、汽车制动系统等内容。

全书讲解清晰、简练，配有大量的图片，明了直观。本书按照汽车维修作业项目的实际工艺过程，结合目前职业院校流行的模块化教学的实际需求，理论联系实际，重视理论，突出实操。

本书适合作为职业院校汽车专业教材，也可作为汽车售后服务站专业技术人员的培训教材。

版权专有　侵权必究

图书在版编目（CIP）数据

汽车悬架、转向与制动系统维修 / 杜峰，谭文孝主编 . —2 版 . —北京：北京理工大学出版社，2023.7 重印

ISBN 978-7-5682-7855-3

Ⅰ . ①汽… Ⅱ . ①杜…②谭… Ⅲ . ①汽车 – 车辆修理 – 职业教育 – 教材 Ⅳ . ① U472.4

中国版本图书馆 CIP 数据核字（2019）第 253643 号

出版发行 / 北京理工大学出版社有限责任公司	
社　　址 / 北京市海淀区中关村南大街 5 号	
邮　　编 /100081	
电　　话 /（010）68914775（总编室）	
（010）82562903（教材售后服务热线）	
（010）68944723（其他图书服务热线）	
网　　址 / http：//www.bitpress.com.cn	
经　　销 / 全国各地新华书店	
印　　刷 / 河北佳创奇点彩色印刷有限公司	
开　　本 / 787 毫米 × 1092 毫米　1/16	
印　　张 /13.5	责任编辑 / 陆世立
字　　数 /307 千字	文字编辑 / 陆世立
版　　次 /2023 年 7 月第 2 版第 2 次印刷	责任校对 / 周瑞红
定　　价 /47.00 元	责任印制 / 边心超

图书出现印装质量问题，请拨打售后服务热线，本社负责调换

前言 PREFACE

　　党的二十大报告首次提出"加强教材建设和管理",表明了教材建设国家事权的重要属性,凸显了教材工作在党和国家事业发展全局中的重要地位,体现了党中央对教材工作的高度重视和对"尺寸课本、国之大者"的殷切期望。为深入贯彻党的二十大精神,加快推动产业结构、能源结构、交通运输结构等调整优化,积极推进课程改革和教材建设,校企"双元"联合开发教材,为职业教育教学提供更加丰富、多样的实用教材,适应经济发展、产业升级和技术进步,满足交通运输业科学发展的需要。北京理工大学出版社特邀请一批知名行业专家、学者以及一线骨干教师,按照"专业设置与产业需求对接、课程内容与职业标准对接、教学过程与生产过程对接"的"三对接"要求,出版了该套图解版汽车职业教育系列教材。

　　本教材针对职业教育的特点和规律,紧紧围绕高素质技能型人才的培养目标,以能力为本位,以工作过程为导向,以职业活动为主线,以任务为驱动,引入全新的任务驱动式教学模式。本教材结构合理、层次清晰,将汽车悬架、转向与制动系统的构造原理与其检修知识和技能进行了有机结合,并且在介绍汽车悬架、转向与制动系统构造时插入大量结构图与实物图,更加有利于学生认知和学习;同时,汽车悬架、转向与制动系统检修与诊断采用"实物检修流程"图,将知识与技能融合进行二维转化,便于学生理解,降低故障诊断与检修知识与技能点的传授难度。

　　全书共分为3个项目19个学习任务,3个项目分别为汽车悬架系统、汽车转向系统、汽车制动系统等。对于结构原理知识和拆装、检修、诊断技能,以实际结合,配备大量的图示说明,使学生按图索骥,更容易理解知识点和掌握技能点,从而高质量地完成学习任务。

　　本教材在内容编写上具有以下特点:

PREFACE

1. 教材设计符合职业教育理念。本教材以就业为导向，强化文化基础教育和技术技能培养，符合高素质中、初级汽车专业使用人才培养需求。

2. 任务目标清晰明确。每一个课题开始，设置学习任务，使学生在学习前能明确目标，从而在后面的学习中做到有的放矢。在课题中设置"思考与练习""课题小结"等内容，便于学生对课题设计知识内容的理解和记忆。

3. 设置案例任务引领。每一个任务都有来源于岗位实际工作案例导入，学习任务贴近生产实际，便于学生产生学习共鸣，激发学习兴趣，学习目标明确，从而在学习时做到心中有数，有的放矢。

4. 教材组织架构循序渐进。根据中职学生身心发展规律及在日常学习中对于接受知识和理解知识的思维习惯，对汽车悬架、转向与制动系统的任务实例进行系统化的讲解和演示。

5. 教材内容实用简练。内容与生产标准对接，介绍大量企业的典型故障的维修案例，文字简练、脉络清晰、版式新颖，理论阐述言简意赅，遵循"必需""够用"原则，在保证知识体系相对完整的同时，做到知识技能传授实用和生动。

6. 线上线下资源一体化。由上海景格科技股份有限公司和长沙市博信教育科技有限公司匹配大量的视频教学资源，教材内容与线上教学资源（教案、教学课件、视频）一体化。通过以上要素有机结合，优化教学效果，打造高效课堂。

本教材由天津职业技术师范大学杜峰教授、北海市中等职业技术学校谭文孝任主编，由防城港市理工职业学校龚文奇任副主编。本教材可供中等职业学校汽修专业学生使用，也可作为汽车相关专业学生的参考用书。教材编写充分考虑《汽车维修工国家职业技能标准》的考核要求，对参加证书考试人员有一定帮助。

限于编者经历和水平，教材内容难以覆盖全国各中等职业院校的实际情况，希望各学校在选用和推广本系列教材的同时，注重经验总结，及时提出修改意见和建议。

编　者

目录 CONTENTS

课题一　汽车悬架系统 ··· **1**

　　任务一　汽车车轮与轮胎 ··· 1
　　任务二　悬架系统的分类和作用 ·· 14
　　任务三　悬架系统的构造及工作原理 ···································· 16
　　任务四　特殊悬架系统的构造及工作原理 ································ 27
　　任务五　悬架系统的拆装与故障诊断 ···································· 31

课题二　汽车转向系统 ·· **69**

　　任务一　转向系统的作用、类型和基本参数 ····························· 69
　　任务二　转向操纵机构 ·· 73
　　任务三　转向器的作用及类型 ·· 78
　　任务四　转向传动机构 ·· 82
　　任务五　助力系统的作用及类型 ·· 86
　　任务六　转向系统的拆装与故障诊断 ···································· 93

课题三　汽车制动系统 ··· **120**

　　任务一　制动系统的概述 ··· 120
　　任务二　车轮制动器 ··· 125
　　任务三　驻车制动器 ··· 134
　　任务四　制动传动装置 ··· 140
　　任务五　ABS 防抱死制动系统 ·· 149
　　任务六　ESP 电子稳定控制系统 ······································ 169
　　任务七　BAS 制动辅助系统 ·· 176
　　任务八　制动系统的拆装与故障诊断 ··································· 184

参考文献 ·· **207**

课题一

汽车悬架系统

[学习任务]

1. 了解悬架系统的部件组成。
2. 掌握悬架系统的作用及工作原理。
3. 学会悬架系统的拆装步骤。

[技能要求]

1. 掌握悬架系统的组成、作用及工作原理。
2. 掌握悬架系统的拆装顺序。
3. 学会悬架系统常见故障检测方法。

任务一 汽车车轮与轮胎

一、车轮的作用及组成

1. 车轮的作用

承受全车质量并传递牵引力、制动力、驱动力矩、制动力矩；缓和、吸收由于路面不平所产生的冲击和振动；提高车轮与地面的附着性能。

2. 车轮的结构

车轮是介于轮胎和车轴之间承受负荷的旋转组件，通常由轮辋和轮辐两个主要部件组成。轮辋是在车轮上安装和支承轮胎的部件，轮辐是在车轮上介于车轴和轮辋之间的支承部件。车轮除上述部件外，有时还包含轮毂。车轮构造图如图 1-1 所示。

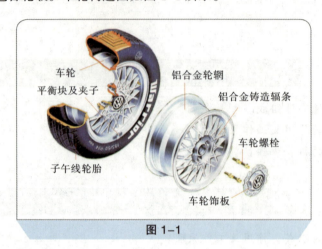

图 1-1

二、车轮的类型及结构

1. 轮辐

按照轮辐结构的不同可分为辐板式轮辐和辐条式轮辐两种。

（1）辐板式轮辐

辐板式轮辐与挡圈、轮辋和气门嘴伸出口共同组成车轮（如图 1-2 所示）。辐板为钢质圆板，它将轮毂和轮辋连接为一体，大多是冲压制成的，少数是与轮毂铸成一体。后者多用于重型汽车上。辐板与轮辋是铆接或焊接在一起的，对于采用无内胎轮胎的车轮，采用焊接法可提高轮辋的密闭性。

轿车的辐板采用板料较薄，常冲压成各样起伏形状，以提高刚度。辐板上开有若干孔，用以减轻质量，同时有利于制动器散热，安装时可作把手。

（2）辐条式轮辐

辐条式轮辐是钢丝辐条或者是用轮毂铸成一体的铸造辐条，如图 1-3 所示。钢丝辐条由于价格昂贵、维修安装不便，故仅用于赛车和某些高级轿车上。铸造辐条用于重型货车上。在这种结构的车轮上，轮辋是用螺栓和特殊形状的衬块固定在辐条上，为使轮辋与辐条对称好，在轮辋和辐条上都加工有配合锥面。

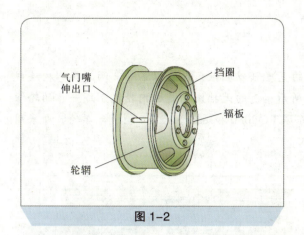

图 1-2

图 1-3

2. 轮辋

轮辋也称钢圈,用于安装和固定轮胎。按其轮廓不同,轮辋的常见形式有深槽式轮辋、平底式轮辋和对开式轮辋。此外,还有半深槽轮辋、平底宽轮辋、深槽宽轮辋、全斜底轮辋等。

(1) 深槽式轮辋

这种轮辋是整体的,其断面中部为一深凹槽,主要用于轿车及轻型越野汽车。它有带肩的凸缘,用以安放外胎的胎圈,其肩部通常略向中间倾斜,其倾斜角一般是 5 度。倾斜部分的最大直径即称为轮胎胎圈与轮辋的接合直径,如图 1-4 所示。断面的中部制成深凹槽,以便于外胎的拆装。深槽轮辋的结构简单,刚度大,质量较小,对于小尺寸弹性较大的轮胎最适宜。但是尺寸较大又较硬的轮胎,则很难装进这样的整体轮辋内。

(2) 平底式轮辋

这种轮辋的结构形式很多,图 1-5 所示是我国货车常用的一种形式。挡圈是整体的,而用一个开口弹性锁圈来防止挡圈脱出。在安装轮胎时,先将轮胎套在轮辋上,而后套上挡圈,并将它向内推,直至越过轮辋上的环形槽,再将开口的弹性锁圈嵌入环形槽中。东风 EQl090E 型和解放 CA1091 型汽车车轮,均采用这种形式的轮辋。

图 1-4

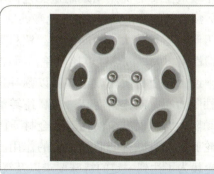

图 1-5

(3) 对开式轮辋

这种轮辋由内外两部分组成，其内外轮辋的宽度可以相等，也可以不等，两者用螺栓连成一体。拆装轮胎时，拆卸螺母即可。如图1-6所示，有的无挡圈，是由内轮辋制成一体的轮缘代替挡圈的作用，内轮辋与辐板焊接在一起。东风EQ2080和延安SX2150型汽车车轮，即采用这种形式的轮辋。

图 1-6

由于轮辋是轮胎的装配和固定基础，当轮胎装入不同轮辋时，其变形位置与大小也发生变化。因此，每一种规格的轮胎，最好配用规定的标准轮辋，必要时也可配用规格与标准轮胎相近的轮辋（容许轮辋）。如果轮辋选用不当，会造成轮胎早期损坏，特别是使用在过窄的轮辋上时。

近几年来，为了适应提高轮胎负荷能力的需要开始采用宽轮辋。试验表明，采用宽轮辋可以提高轮胎的使用寿命，并可以改善汽车的通过性和行驶稳定性。

3. 轮毂

轮毂又叫轮圈、轱辘、胎铃，是轮胎内廓支撑轮胎的金属部件。如图1-7所示，轮毂根据直径、宽度、成型方式、材料不同种类繁多。

轮毂按照材质可以分为钢轮毂和合金轮毂两大类，两者各有利弊。

钢质轮毂最主要的优点就是制造工艺简单，成本相对较低，而且抗金属疲劳的能力很强，但钢质轮毂的缺点也相对比较突出，就是外观丑陋，重量较大（相同的轮毂钢材质要比铝合金材质重很多），惯性阻力大，散热性也比较差，而且非常容易生锈。

图 1-7

相对来说，合金材质轮毂正好可以弥补这样的问题，较轻的重量，惯性阻力小，制作精度高，在高速转动时的变形小，有利于提高汽车的直线行驶性能，减轻轮胎滚动阻力，从而减少油耗。合金材质的导热性能是钢的三倍左右，散热性好，对于车辆的制动系和轮胎的热衰减都能起到一定的作用。市场上的原厂车的合金轮毂都以铝合金为主，当然很多改装轮毂为了达到一定的特殊要求以及视觉的提升会选择铬、钛等元素作为基本材料。不过，跟钢材质轮毂比起来，合金轮毂的价格要贵出不少，所以往往在很多中低端级别的原厂车中，钢质轮毂会出现在低配车型上，而合金轮毂则是高配车型的标配。

（1）钢轮毂

主要优点：制造工艺简单，成本相对较低，抗金属疲劳能力强。但是缺点也很明显，如重量大，惯性阻力大，散热性较差等等。

（2）合金轮毂

优点：重量轻，制造精度高，强度大，惯性阻力小，散热能力强，视觉效果好等等，缺点是制造工艺复杂，成本高。

合金轮毂多以铝为基本材料，适当加入锰、镁、铬、钛等金属元素而成。和钢轮毂相比，合金轮毂具有节能、安全、舒适等特点。

合金轮毂的三大特性：

a. 节能：合金轮毂的重量轻，制造精度高，在高速转动时的变形小，惯性阻力小，有利于提高汽车的直线行驶性能，减轻轮胎滚动阻力，从而减少了油耗。

b. 安全：铝合金的导热系数是钢的三倍，散热效果非常好，从而增强了制动性能，提高了轮胎和制动碟的使用寿命，有效保障了汽车的安全行驶。

c. 舒适：装用合金轮毂的汽车一般都采用缓冲和吸震性能优于普通轮胎的扁平轮胎，使汽车在不平坦的道路上或高速行驶时，舒适性大大提高。

常见的几种合金轮毂有多件式合金轮毂、单件式赛车合金轮毂和内置空气合金轮毂。

① 多件式合金轮毂

多件式合金轮毂有两件式和三件式两种。轮毂的几个部分分别用锻造和旋压工艺制造，然后用钛螺栓连接，这些产品质量轻、强度高、性能优越，但是价格昂贵，主要用于各类锦标赛赛车和高档豪华汽车。在全球各类级别的车赛中，无论是汽车还是摩托车，无论是在何种条件下，要求车辆能在短短的 3s 内将车速从零加速到 100km/h，因此轮毂需要在赛道上能够承受由于极高的横向加速度、极高的运行速度和恶劣的条件而产生的超负荷运行状态，以及轮胎强烈的磨损而产生的温升造成的影响，在这种环境中多件式铝轮毂经受住了各种艰苦环境的考验。尽管产品质量轻，由于采用了先进的制造工艺技术，产品结构强度高，如图 1-8 所示。

② 单件式赛车合金轮毂

F1赛车要求采用单件式轮毂，是为了确保轮毂的使用性能和车辆减重的要求，如图 1-9 所示。通常采用锻造制坯再利用旋压工艺成形生产，与以确保产品的高性能和最轻量化的同规格铸造合金轮毂相比，其力学性能提高 18% 以上，还可减轻约 20% 的质量。专门为 F1 赛车设计制造的单件式合金轮毂,经受住了各种艰苦环境的考验。然而乘用车合金轮毂不像赛车对性能的要求是那样的苛刻,整体式低压铸造合金轮毂足以满足其性能的要求了,但乘用车更加注重合金轮毂的外观造型和美观性设计。受赛车运动的影响和节能、美观的要求,汽车合金轮毂也在发生着变化,更富有运动感的大直径、柔细轮辐合金轮毂设计以及轻量化合金轮毂设计,是汽车合金轮毂主要的发展趋势和追求的方向。

图 1-8

图 1-9

③ 内置空气合金轮毂

为了最大限度地减轻轮毂的质量,一种全新概念的新型轻量化合金轮毂——内置空气合金轮毂应运而生,通过空腔技术进一步减轻轮毂的质量,如图 1-10 所示。这种合金轮毂有单件式和两件组合式之分,单件式内置空气合金轮毂通过空腔技术,将轮毂的所有轮辐、轮辋的内外凸肩处均制成空腔,极大地减轻了轮毂的质量,与同结构合金轮毂相比减重达 20%,而使用性能却得到了大大的提升;两件组合式内置空气合金轮毂则是将轮毂轮辋的内凸肩处制成空腔,大大地减轻了轮毂的质量,与同结构合金轮毂相比减重 5%,提高了产品的使用性能。该类型的合金轮毂是采用铸造毛坯,利用旋压工艺完成空腔的制造。

图 1-10

三、轮胎的作用及类型

轮胎是在各种车辆或机械上装配的接地滚动的圆环形弹性橡胶制品。通常安装在金属轮辋上,能支承车身,缓冲外界冲击,实现与路面的接触并保证车辆的行驶性能。轮胎常在复杂和苛刻的条件下使用,它在行驶时承受着各种变形、负荷、力以及高低温作用,因此必须具有较高的承载性能、牵引性能和缓冲性能。同时,还要求具备高耐磨性和耐屈挠性,以及低的滚动阻力与生热性。

1. 轮胎的作用

轮胎是汽车上最重要的组成部件之一，它的作用主要有：

a. 支持车辆的全部重量，承受汽车的负荷，并传递其他方向的力和力矩；

b. 传送牵引和制动的扭力，保证车轮和路面之间有良好的附着性，以提高汽车的动力性、制动性和通过性；与汽车悬架共同缓和汽车行驶时所受到的冲击，并衰减由此而产生的振动；

c. 防止汽车零部件受到剧烈振动和早期损坏，适应车辆的高速性能并降低行驶时的噪声，保证行驶的安全性、操纵稳定性、舒适性和节能经济性。

2. 轮胎的类型

按轮胎内空气压力的大小，轮胎分为高压胎（0.5～0.7MPa）、低压胎（0.2～0.5MPa）和超低压胎（0.2MPa以下）三种。低压胎弹性好，减振性能强，壁薄散热性好，与路面接触面积大、附着性好，因而广泛用于轿车。超低压胎在松软路面上具有良好的通过能力，多用于越野汽车及部分高级轿车。

按轮胎有无内胎，轮胎分为有内胎轮胎和无内胎轮胎（俗称真空胎）两种，如图1-11所示。目前，轿车上普遍采用无内胎轮胎。

（a）有内胎轮胎　　　　（b）无内胎轮胎

图1-11

有内胎轮胎：是卡车轮胎的原始设计，用不同的橡胶制成两个单独的内胎和外胎，以便将空气密封在轮胎之中，保持胎压。

无内胎轮胎：更加先进的轮胎研发设计，轮胎本身就有内胎构造，无需单独的内胎。这项技术简化了将轮胎安装到轮辋上时所需的部件和操作。

无内胎轮胎的优点：

● 结构简单：容易安装；减少轮胎和车轮重量；库存部件数量减少，减少部件占用空间。

● 更加安全：避免了多个车轮部件不匹配的风险；改进了轮胎/轮辋组件的平衡；扁平比更低，更加稳定；降低轮胎被刺破的概率，减少了轮胎行驶漏气；改进了刹车鼓通风，更有利于刹车冷却。

● 更加经济：减少人力成本和维修保养费用；减少车辆的检修停工时间。

按轮胎帘布层帘线排列方式的不同，轮胎分为斜交线轮胎和子午线轮胎，如图1-12所示。斜交线轮胎和子午线轮胎的比较如表1-1所示。

(a) 斜交线轮胎　　　　　　　　　　(b) 子午线轮胎

图 1-12

表 1-1 斜交线轮胎和子午线轮胎的比较

		斜交线轮胎	子午线轮胎
胎冠和胎侧	结构	胎冠和胎侧是由相同的帘布层结构组成，胎面可能受到任何形式的变型的影响	胎侧和胎面功能相对独立。胎面不会受到胎侧弯曲的影响
	性能	轮胎与路面接触区域变形；与地面产生摩擦	轮胎与路面接触区域变形较小；减少与地面之间的横向摩擦
胎体	结构	胎体层一般相互交错排列	不存在胎侧各层之间的相对运动
	性能	磨损大、抓地力差、较高油耗、车辆行驶性能一般、较多生热、胎冠容易刺破	使用寿命更长、抓地力好、刹车距离短、轮胎接地面压力平均分布、油耗低、车辆行驶平稳性好、生热少、防刺破性能强

根据图 1-12 和表 1-1 中轮胎的结构可以看出，斜交线轮胎的胎体和胎冠的带束层是斜交错着穿插的，所以称为斜交线轮胎，又叫尼龙轮胎。轮胎接触地面为椭圆形面积，易变形。而子午线轮胎胎冠和胎体的带束层是独立的，并且胎体只有一个子午线胎体层，子午线轮胎又叫钢丝轮胎。轮胎的接地压力为平均分布。子午线轮胎的这种结构不但可以节省更多的成本，还可以带给我们更好的驾驶舒适性。

按胎面花纹的不同，轮胎分为越野花纹轮胎、混合花纹轮胎和普通花纹轮胎，如图 1-13 所示。

(a) 越野花纹轮胎　　　　(b) 混合花纹轮胎　　　　(c) 普通花纹轮胎

图 1-13

四、轮胎的结构及组成

轮胎通常由外胎、内胎、垫带 3 部分组成。也有不需要内胎的，其胎体内层有气密性好的橡胶层，且需配专用的轮辋，如图 1-14 所示。世界各国轮胎的结构，都向无内胎、子午线结构、扁平（轮胎断面高与宽的比值小）和轻量化的方向发展。

外胎是由胎体、缓冲层（或称带束层）、胎面、胎侧和胎圈组成。外胎断面可分成几个单独的区域：胎冠区、胎肩区（胎面斜坡）、屈挠区（胎侧区）、加强区和胎圈区。

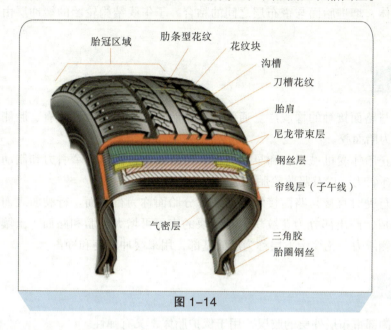

图 1-14

1. 胎体

胎体又称胎身。通常指由一层或数层帘布层（具有强度、柔软性和弹性）与胎圈组成整体的充气轮胎的受力结构。

（1）帘布层

胎体中由并列挂胶帘子线组成的布层，是轮胎的受力骨架层，用以保证轮胎具有必要的强度及尺寸稳定性。

（2）胎圈

轮胎安装在轮辋上的部分，由胎圈芯、帘布层包边和胎圈包布等组成。它能承受因内压而产生的伸张力，同时还能克服轮胎在拐弯行驶中所受的横向力作用，使外胎不致脱出轮辋。因此它必须有很高的强力，结构应紧密坚固，不易发生变形。

胎体需要有充分的强度和弹性，以便承受强烈的振动和冲击，承受轮胎在行驶中作用于外胎上的径向、侧向、周向力所引起的多次变形。胎体由一层或多层挂胶帘布组成，这些帘布能使胎体以及整个外胎具有必要的强度。

2. 缓冲层（或称带束层）

斜交线轮胎胎面与胎体之间的胶帘布层或胶层，不延伸到胎圈的中间材料层，用于缓冲外部冲击力，保护胎体，增进胎面与帘布层之间的粘合。子午线结构轮胎的缓冲层由于其作用不同，一般称为带束层。

3. 胎面

外胎最外面与路面接触的橡胶层。通常把外胎胎冠、外胎结构、胎肩、胎侧、加强区部位最外层的橡胶统称为胎面胶。

胎面用来防止胎体受机械损伤和早期磨损，向路面传递汽车的牵引力和制动力，增加外胎与路面（土壤）的抓着力，以及吸收轮胎在运行时的振荡。

轮胎在正常行驶时直接与路面接触的那一部分胎面称为行驶面。行驶面表面由不同形状的花纹块、花纹沟构成，凸出部分为花纹块，花纹块的表面可增大外胎和路面（土壤）的抓着力和保证车辆必要的抗侧滑力。花纹沟下层称为胎面基部，用来缓冲震荡和冲击。

4. 胎侧

胎侧是轮胎侧部帘布层外层的胶层，用于保护胎体，又有弹性。

5. 胎圈

胎圈是轮胎安装在轮辋上的部分，由胎圈芯和胎圈包布组成，起固定轮胎作用。
a. 胎踵：胎圈外侧与轮辋胎圈座圆角着合的部分。
b. 胎圈芯：由钢圈、三角胶条和胎圈芯包布制成的胎圈部分。
c. 钢丝圈：由镀铜钢丝缠绕成的刚性环，是将轮胎固定到轮辋上的主要部件。
d. 装配线：模压在胎侧与胎圈交接处的单环或多环胶棱，通常用以指示轮胎正确装配在轮辋上的标线。

五、轮胎的拆装、检查与故障检测

1. 轮胎的拆装

a. 拆装轮胎要在清洁、干燥、无油污的地面上进行。
b. 拆装轮胎要用专用工具。不允许用大锤敲击或其他尖锐的工具拆胎。
c. 外胎、内胎、垫带、轮辋必须符合规格要求，才能组装。要特别注意子午线轮胎胎圈部分的完好。
d. 内胎装入外胎前，须紧固气门嘴，以防漏气，并在外胎内部和垫带上涂上滑石粉。
e. 气门嘴的位置应装在轮辋气门嘴孔中。胎侧有平衡标记的，标记应在与气门嘴相对的位置上，以便于平衡。轮辋上有平衡块的，应用动平衡机进行平衡调整。
f. 安装子午线的轮胎，应注意滚动方向的标记。拆装子午线轮胎应做记号，使安装后的子午线轮胎滚动方向保持不变。

> **注意：**
>
> 目前，轿车都是采用无内胎的子午线轮胎，最常见的拆装轮胎的专用设备是轮胎拆装机，即扒胎机。

2. 轮胎的检查

轮胎的检查主要是检查轮胎磨损程度和轮胎气压，轮胎磨损程度的检查包括胎面花纹深度的检查和轮胎异常磨损的检查。

轮胎磨损过甚，花纹过浅，是行车重要的不安全因素。过度磨损的轮胎，除容易爆破外，还会使汽车操纵稳定性变坏。汽车在雨中高速行驶时，由于不能把水全部从胎下排出，轮胎将会出现浮滑现象，致使汽车失控。花纹越浅，浮滑的倾向越严重。

轮胎（包括备胎）气压的检查对于行车也是非常重要的。轮胎气压不足，会导致轮胎过热，并因轮胎的接地面积不均匀，而产生不均匀磨损或胎肩和胎侧快速磨损，缩短轮胎的使用寿命，同时会增加滚动阻力、加大油耗，而且影响车辆的操控，严重时甚至引发交通事故。轮胎气压过高则使车身重量集中在胎面中心上，导致胎面中心快速磨损，不但缩短轮胎的使用寿命，而且降低车辆的舒适性。所以，日常维护和各级维护时，对于轮胎的检查是非常必要的。

（1）胎面花纹深度的检查

胎面磨耗标志或称防滑标记，即是稍微高出胎面花纹沟槽底部的凸台。随着轮胎行驶里程的增加、轮胎磨损、花纹沟槽变浅，此时露出凸台，说明轮胎花纹即将磨尽，若不更换，可能造成行驶中轮胎打滑，引发交通事故。因此，为了便于检查轮胎的磨损，通常在磨耗标志对应的胎肩处标出"TWI"或者"△"等符号，每条轮胎应沿周向等距离地设置不少于4个磨耗标志。

（2）轮胎异常磨损的检查

检查轮胎的异常磨损，可以发现故障的早期征兆和原因，以便及时排除影响轮胎寿命的不良因素，防止早期磨损和损坏。具体内容见下面的轮胎常见故障诊断。

（3）轮胎气压的检查

轮胎气压可用气压表进行检查。

> **注意：**
>
> 不同的车辆，轮胎的气压值也不同，检查时应参看相应车辆的维修手册。一般轿车前轮的胎压为0.22MPa，后轮的胎压为0.25MPa，即平时常说的前轮2.2个大气压，后轮2.5个大气压。

3. 轮胎常见故障诊断

轮胎的常见故障是轮胎的异常磨损。

（1）胎肩或胎面中间磨损

① 故障现象

如图 1-15 所示，轮胎的胎肩和胎面出现了磨损。

② 故障原因

集中在胎肩上或胎面中间的磨损，主要是由于未能正确保持充气压力所致。如果轮胎充气压力过低，轮胎的中间便会凹入，将载荷转移到胎肩上，使胎肩磨损快于胎面中间。另一方面，如果充气压力过高，轮胎中间便会凸出，承受了较大的载荷，使轮胎中间磨损快于胎肩。

（a）胎肩磨损　　　　　　　　（b）胎面磨损

图 1-15

③ 故障排除步骤

- 检查是否超载。
- 检查充气压力，如果充气过量或充气不足，应调整充气压力。
- 调换轮胎位置。

（2）胎侧磨损

① 故障现象

轮胎的内侧或外侧磨损不均匀。

② 故障原因

- 在过高的车速下转弯会造成转弯磨损。转弯时轮胎滑动，便产生了斜形磨损。这是较常见的轮胎磨损原因之一。驾驶人所能采取的唯一补救措施，就是在转弯时降低车速。
- 悬架部件变形或间隙过大，会影响前轮定位，造成不正常的轮胎磨损。
- 如果轮胎某一侧的磨损快于另一侧的磨损，其主要原因可能是外倾角不正确。由于轮胎与路面接触面积大小因载荷而异，对具有正外倾角的轮胎而言，其外侧直径要小于其内侧直径。因此，胎面必须在路面上滑动，以便其转动距离与胎面的内侧相等。这种滑动便造成了外侧胎面的过量磨损。反之，具有负外倾角的轮胎，其内侧胎面磨损较快。

③ 故障排除步骤

- 询问驾驶人是否高速转弯，如果是则要避免。
- 检查悬架部件，如松动则将其紧固；如变形和磨损，应修理或更换。
- 检查外倾角，如不正常，应校正。
- 调换轮胎位置。

（3）前端和后端磨损

① 故障现象

前端和后端磨损是一种局部磨损，常常出现在具有横向花纹和区间花纹的轮胎上，胎面上的区间发生斜向磨损（与鞋跟的磨损方式相同），最终变成锯齿状。

② 故障原因

- 具有纵向折线花纹的胎面，磨损时会产生波状花纹。
- 非驱动轮的轮胎只受制动力的影响，而不受驱动力的影响，因此，往往会有前后端形式的磨损，如反复使用和放开制动器，便会使轮胎每次发生短距离滑动而磨损，前后端磨损的形式便与这种磨损相似。
- 如果是驱动轮的轮胎，则驱动力所造成的磨损，会在制动力所造成的磨损的相反的方向上出现，所以，驱动轮轮胎极少出现前后端磨损。客车和大货车由于制动时产生了很大的摩擦力，故具有横向花纹的轮胎，便会出现与非驱动轮相似的前后端磨损。

③ 故障排除步骤

- 检查充气压力。如果充气压力不足，就将其充至规定值。
- 检查车轮轴承。如果磨损或松动，应更换或调整。
- 检查外倾角和前束。如果不正确，应加以调整。

- 检查轴颈或悬架部件。如果损坏，应修理或更换。
- 调换轮胎位置。

任务二　悬架系统的分类和作用

汽车车架若直接安装在车桥上，则会由于道路不平而上下颠簸振动，从而使车上的乘员感到不舒服或者使货物损坏。因此，汽车上必须装有具有缓冲、减振和导向作用的悬架装置。汽车悬架是车架与车桥之间一切传力、连接装置的总称。

一、悬架的作用

悬架的作用是把车桥和车架弹性地连接起来，并用它来吸收和缓和行驶中因路面不平引起的车轮跳动而传给车架的冲击和振动；保持车架和车轮之间正确的运动关系，从而保证汽车的行驶平顺性和操纵稳定性；传递路面作用于车轮的支持力、驱动力、制动力和侧向力及其产生的力矩。

二、对悬架的要求

汽车的固定频率是衡量汽车平顺性的重要参数，它由悬架刚度和悬架弹簧支承的质量（簧上质量）所决定。人体所习惯的垂直振动频率约为 1~1.6Hz，车身振动的固有频率应接近或处于人体适应的频率范围，才能感觉舒适。由于汽车的载重量经常会发生变化，因此，其固有频率也会随之变化。为了使空载和满载时的固有频率保持一定或变化很小，需要把悬架刚度做成可变或可调的。而目前汽车上装有电子控制的悬架，就能满足此种目的。

弹性的悬架在给衰减振动带来好处的同时，也使车轮出现相对的跳动，跳动的结果必然会改变车轮定位角度，这种改变应当受到严格的控制，否则，原已设计好的车轮运动关系将会遭到破坏，汽车的转向和操纵性能变坏，轮胎磨损加剧。在车轮上下跳动过程中约束其运动的任务由悬架导向装置完成。

三、悬架的分类

1. 根据悬架结构不同分类

根据悬架结构不同分类，汽车悬架可分为两大类：非独立悬架与独立悬架。

如图 1-16 所示，非独立悬架是左右两侧的车轮装在一个整体式车桥上，车轮连同车桥一起通过悬架与车架相连接，当一侧车轮因路面不平等原因相对于车架的位置发生变化时，另一侧车轮的位置也随之发生变化。这样，自然不会得到较好的操纵稳定性及舒适性，同时由于左、右两侧车轮的互相影响，也容易影响车身的稳定性，在转向的时候较易发生侧翻。

如图 1-17 所示，独立悬架是两侧车轮各自独立地通过悬架与车架相连接，其配备的车桥都是断开式的，每个车轮都能独立地上下运动。因此，从使用过程来看，当一侧车轮受到冲击、振动后可通过弹性元件自身吸收冲击力，这种冲击力不会波及另一侧车轮，使得厂家可在车型的设计之初通过适当的调校使汽车在乘坐舒适性、稳定性、操纵稳定性三方面取得合理的配置。

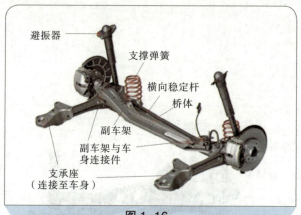

图 1-16　　　　　　　　　　图 1-17

非独立悬架由于结构简单，制造成本低，至今仍然应用于许多客车、货车上。但是，随着汽车行驶速度的不断提高，非独立悬架已不能满足行驶平顺性与操纵稳定性等方面的要求，现代轿车大多采用独立悬架。

2. 根据控制方式不同分类

根据控制方式不同分类，汽车悬架可分为两大类：被动悬架与主动悬架。

目前，大多数汽车上采用被动悬架，如图 1-16 和图 1-17 所示均为被动悬架。被动悬架的含义是：汽车姿态（状态）只能被动地取决于路面、行驶状况和汽车的弹性元件、导向装置以及减振器这些机械零件。20 世纪 80 年代后，主动悬架开始在一部分汽车上使用，目前，使用主动悬架的高级轿车越来越多，一般以空气弹簧作为悬架系统。主动悬架可以根据路面和行驶工况自动调整悬架刚度和阻尼，从而使车辆能主动地控制垂直振动及其车身或车架的姿态。如图 1-18 所示为主动悬架。

图 1-18

任务三 悬架系统的构造及工作原理

一、悬架系统的构造与原理

1. 构造

悬架主要由弹性元件、减振器和导向装置三部分组成。在某些车辆上，为防止车身在转向等情况下发生过大的横向倾斜，还设有辅助的弹性元件（横向稳定杆），如图1-19所示为福克斯后悬架系统。

弹性元件：缓和冲击，承受、传递垂直载荷，使车桥和车架弹性连接。

减振器：衰减路面冲击和振动，提高乘坐舒适性。

导向装置：保证车轮相对于车架的正确运动关系。

横向稳定杆：防止车身横向过度倾斜。

图1-19

2. 弹性元件

（1）弹性元件的特点

为了缓和冲击，汽车在行驶系统中，除采用弹性的充气轮胎外，在悬架中还需要装有弹性元件，使车架与车桥之间弹性连接。弹性元件具有以下特点。

① 弹性

弹性是弹性元件本身的一种特性，它发生弹性变形后可以恢复原来的状态。

② 弹簧刚度

弹性元件的变形程度与对它施加的力（载荷）成正比。作用力除以变形量所得到的常数称为弹簧刚度。如果对两个弹性元件施加的载荷相同，弹簧刚度小的弹性元件的变形量要大于弹性刚度大的弹性元件的变形量。弹簧刚度小的弹簧称为"软"弹簧;弹簧刚度大的弹簧称为"硬"弹簧。

③ 弹簧振动

当车轮驶过凸起路面时,弹性元件迅速压缩。由于每个弹性元件有弹性,要立即恢复原状,就会回弹,使车身上下运动。由于惯性,弹簧在恢复到原始长度后还要被拉伸;当弹簧拉伸到极限位置时开始收缩,使车身朝下运动,弹簧在恢复到原始长度后还要被压缩;压缩到极限位置后又拉伸。弹簧的压缩和拉伸不断交替出现,从而使车身上、下振动。

(2)弹性元件的类型

汽车悬架常用的弹性元件包括钢板弹簧、螺旋弹簧、扭杆弹簧、气体弹簧和橡胶弹簧等。

① 钢板弹簧

钢板弹簧是由若干片等宽不等长、弧度不等、厚度相等或不等的钢板弹簧片组合而成的一根近似等强度的弹性梁,被绝大部分非独立悬架所采用,其一般构造如图1-20所示。

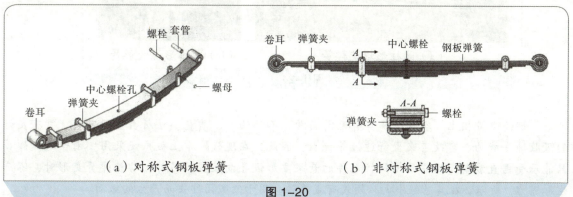

(a)对称式钢板弹簧　　(b)非对称式钢板弹簧

图1-20

钢板弹簧的第一片最长,称为主片,其两端弯成卷耳,内装衬套,用钢板销与车架上的支架或吊耳用铰链连接。钢板弹簧的中心部位用U形螺栓与车桥固定。

中心螺栓用以连接各弹簧片,并保证装配时各片的相对位置。中心螺栓到两端卷耳中心的距离可以相等,称为对称式钢板弹簧;距离也可以不相等,称为非对称式钢板弹簧。为了增加主片及卷耳的强度,常将第二片两端做成加强卷耳,3/4包在主片卷耳外面。主片与第二片卷耳间通常留有较大间隙,以便主片受力变形时有较大的滑动余地。

钢板夹主要作用是当钢板弹簧反向变形,即车架离开车桥时,使各片不致互相分开,而将反力传给较多的弹簧片,以免主片单独承载,同时还可防止各片横向错动。装配钢板夹时,应将螺栓头朝向车架一面,而使螺母在车轮一面,以防止螺栓松脱时刮伤轮胎。

钢板弹簧在载荷作用下变形，各片之间因相对滑动而产生摩擦，可使车架的振动衰减。各片之间处于干摩擦，同时还要将车轮所受冲击力传递给车架，因此，增大了各片的磨损。为了减小弹簧片的磨损，在装合弹簧片时，各片须涂上较稠的石墨润滑脂。有些弹簧片间还加装塑料衬片或橡胶衬片，也有的将弹簧片装在保护套内，以防止润滑脂流失或尘土污染。

由于钢板弹簧有足够的刚性使车轮适当定位，不需要导向装置；钢板弹簧之间的摩擦可控制弹簧自身的振荡，因此，也可不设减振器。钢板弹簧一般用在货车或大型客车上。

② 螺旋弹簧

如图1-21所示，螺旋弹簧用弹簧钢料卷制而成，有刚度可变的圆锥形螺旋弹簧和刚度不变的圆柱螺旋弹簧两种。弹簧大多应用在独立悬架上，尤其是前轮独立悬架中。在有些轿车上，后轮非独立悬架中也使用螺旋弹簧作为弹性元件。

（a）圆柱形螺旋弹簧　　　　　（b）圆锥形螺旋弹簧

图1-21

与钢板弹簧相比，螺旋弹簧具有无需润滑、不怕油污、质量小、所占空间不大、具有良好的吸收冲击能力、可改善乘坐舒适性等优点，因此，在现代轿车上被广泛采用。由于螺旋弹簧只能承受垂直载荷，用它作为弹性元件的悬架要加设导向装置。另外，螺旋弹簧变形时，不产生摩擦力，所以，在其悬架中也必须装有减振器，用于衰减因冲击而产生的振动。

③ 扭杆弹簧

如图1-22所示，扭杆弹簧是用铬钒或硅锰合金并具有扭曲刚性的弹簧钢制成的杆，它的表面很光滑，扭杆断面常为圆形，少数是矩形或方形。其两端形状可以做成花键、方形、六角形或带平面的圆柱形等，以便一端固定在车架上，另一端固定在悬架的控制臂上，控制臂则与车轮相连。当车轮跳动时，摆臂便绕着扭杆曲线摆动，使扭杆产生扭转弹性变形，来保证车轮与车架的弹性关系。有的扭杆由一些矩形断面的薄条组合而成，这样，弹簧更为柔软。

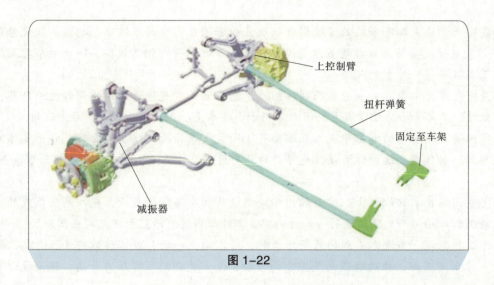

图 1-22

  为保护扭杆表面，可在其上涂抹环氧树脂，并包一层玻璃纤维，再涂一层环氧树脂，最后，涂上沥青和防锈油漆，以防腐蚀和损坏表面，从而提高扭杆弹簧的使用寿命。

  扭杆弹簧在制造时，经热处理后施加一定方向的扭转力矩载荷，使它有一个永久变形，从而具有一定的预应力，以提高其弹性极限。左、右扭杆由于施加的预应力有方向性，装在车上时的扭转方向应与所预加的应力方向一致。因此，在左、右扭杆做有标记，安装时应加以注意，否则，将使扭杆弹簧的实际工作应力加大而缩短寿命。

  采用扭杆弹簧作为弹性元件的悬架要设导向装置和减振器。扭杆弹簧与钢板弹簧相比，质量较小，而且不需润滑，保养维修方便，节省纵向空间，适用于小型车及越野车辆的悬架系统。

④ 气体弹簧

  气体弹簧分为空气弹簧和油气弹簧两种。空气弹簧是以空气作为弹性介质，即在一个密闭的容器内装入压力为 0.5～1MPa 的压缩空气，利用气体的可压缩性实现弹簧的作用。空气弹簧又有囊式和膜式两种形式，如图 1-23 所示。

图 1-23

囊式空气弹簧由加有帘线的橡胶制成的气囊和密闭在其中的压缩空气构成。气囊外层由耐油橡胶制成单节或多节，节数越多弹簧越软，节与节之间围有钢质腰环，防止两节之间摩擦。气囊上下盖板将空气封于囊内。

膜片空气弹簧由橡胶片和金属压制件组成。它比囊式空气弹簧的弹性曲线更为理想，固有频率更低些，且尺寸小，便于布置，因而多用于小轿车上。但其造价较贵，寿命较短。

油气弹簧是在密封的容器中充入压缩空气（如氮气等惰性气体）和油液，利用气体的可压缩性实现其弹簧作用，这种弹簧弹性是可变的，而用油液作为传力介质，其结构原理如图1-24所示。

球形室固定在工作缸之上，室内腔用橡胶隔膜将油液与气体隔开，充入高压氮气的一侧为气室，与工作缸相同而充满油液的一侧为油室。工作缸内装有活塞和阻尼阀及阀座。

具体工作原理：当汽车受到的载荷增大时，活塞向上移动，使工作缸内油压升高，打开阻尼阀进入球形室下部，推动隔膜向气室方向移动，气室受到的压缩压力升高，使油气弹簧刚度增加。

当载荷减小时，气室内的高压氮气伸张，使隔膜向下方移动，油液通过阻尼阀流回工作缸，活塞下移使油压降低，同时气室容积变大压力下降，使油气弹簧刚度降低。随着汽车行驶中的姿态变化，工作缸内的油压与气室内的氮气压力也随之变化，此时，活塞处于工作缸中的不同位置。因此，油气弹簧具有可变刚度的特性。

此外，当油液流经阻尼阀时，产生阻尼力，因此，油气弹簧还起减振器的作用。

油气弹簧具有良好的行驶平顺性，而且体积小，质量小。但是对密封性要求很高，维护相对麻烦。目前，这种弹簧多用于重型汽车和部分客车上。

由于空气和油气弹簧只能承受垂直载荷，因此，采用这种弹簧的悬架也必须有导向装置和减振器。

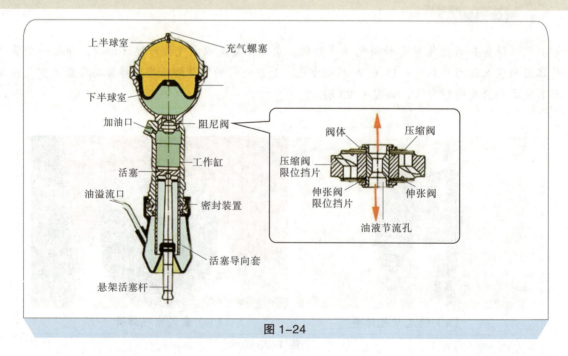

图1-24

⑤ 橡胶弹簧

　　橡胶弹簧是利用橡胶本身的弹性来起作用的弹性元件，它可以承受压缩载荷和扭转载荷。当橡胶弹簧在外力作用下变形时，便产生内部摩擦，以吸收振动。橡胶弹簧的优点是可以制成任何形状，使用时无噪声，不需要润滑。但橡胶弹簧不适用支承重载荷。所以，橡胶弹簧主要用做辅助弹簧，或用做悬架部件的衬套、垫块、挡块及其他支承件。

3. 减振器

　　汽车在行驶中四个车轮在垂直方向上会受到不同力的作用，悬架系统中的弹性元件受冲击会相应产生振动。因此，需要在悬架中与弹性元件并联安装减振器（图 1-25 所示），以衰减振动并提高汽车行驶的平顺性。

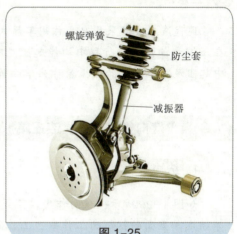

图 1-25

（1）作用

　　减振器在汽车中的作用是迅速衰减由车轮通过弹性元件传给车架的冲击和振动，提高汽车行驶的平顺性能。

（2）基本工作原理

　　汽车悬架系统中通常采用液力减振器，其工作原理是当车架或车身与车桥间受振动出现相对运动时，减振器内的活塞上下移动，减振器内的油液便反复地从一个腔经过不同的孔隙流入另一个腔内。此时，孔壁与油液间的摩擦和油液分子间的内摩擦消耗了振动的能量，而对振动形成阻尼力，使汽车振动能量转化为油液热量，再由减振器吸收散发到大气中。在油液通道截面等因素不变时，阻尼力随车架与车桥之间的相对运动速度的增减而变化，并与油液黏度、孔道的多少及孔道的大小等因素有关。

　　弹性元件与减振器承担着缓冲和减振的任务，若阻尼力过大，振动衰减变得过快，使悬架的弹性元件的缓冲作用变差，甚至使减振器连接件及车架损坏。一般汽车在行驶中可能处于三种状态：第一种是在良好的路面上行驶，此时要求弹性元件充分发挥作用；第二种是汽车承受中等强度的振动，这种情况减振器起主导作用；第三种情况是车辆受到剧烈振动，这时与轮胎的接地性有密切关系。减振器要想在以上三种情况下与弹性元件均能协调工作，为此必须满足以下要求：

　　①在悬架压缩行程中（车桥和车架互相靠近），减振器阻尼力较小，以便充分发挥弹性元件的弹性作用，缓和冲击。此时，弹性元件起主要作用。

　　②在悬架伸张行程中（车桥和车架互相远离），减振器阻尼力较大，以迅速减振。此时，减振器起主要作用。

　　③当车桥和车架间的相对运动速度过大时，要求减振器能自动加大液流量，使阻尼力始终保持在一定限度之内，以避免车架承受过大的冲击载荷。

（3）类型

a. 按工作原理分为单向作用式减振器和双向作用式减振器。
b. 按结构分为双筒式减振器和单筒式减振器。
c. 按工作介质分为液压式减振器和气压式减振器。

> **注意：**
> 现代汽车大多采用双向作用单筒式液压减振器。在新型的汽车上，开始采用充气式减振器。在压缩和伸张两个行程中均能起阻尼减振作用的减振器称为双向作用式减振器；只在伸张行程中起阻尼减振作用的减振器称为单向作用式减振器。

（4）双向作用单筒式液压减振器

① 结构

如图1-26所示，双向作用单筒式液压减振器一般由几个同心钢筒、几个阀门和一些密封件等组成。里面的钢筒为工作缸，工作缸内装有活塞，活塞上装有伸张阀和流通阀，在工作缸下端的支座上装有压缩阀和补偿阀。流通阀和补偿阀是单向阀，较小的油压即可打开或关闭。伸张阀和压缩阀也都是单向阀，需要较大的油压才能打开，而油压稍降低，阀门即可关闭。

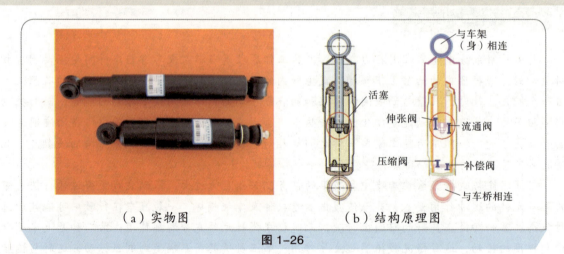

（a）实物图　　（b）结构原理图

图1-26

② 具体工作原理

具体工作原理如图1-26所示。

● 压缩行程：当车桥移近车架时，减振器受压缩，活塞杆推动活塞下移，使活塞下部腔室（简称下腔室）容积减小，油压升高，油液经流通阀进入活塞上部腔室（简称上腔室）。由于活塞杆占去了上腔室一部分容积，故上腔室增加的容积小于下腔室减小的容积，致使下腔室油液不能全部流入上腔室，多余的油液压开压缩阀流入储油缸筒。油液流经上述阀孔时，受到一定的节流阻力，为克服这种阻力而消耗了振动能量，使振动衰减。当车身振动剧烈，活塞高速运动时，下腔室油压骤增，压缩阀的开度增大，油液能迅速通过较大的通道流回储油缸筒。这样，油压和阻尼力都不致过大，使压缩行程中弹性元件的缓冲作用能充分发挥。

● 伸张行程：当车桥远离车架时，减振器受拉伸，活塞杆拉动活塞上移，使上腔室容积减小，油压升高，上腔室油液推开伸张阀流入下腔室。由于活塞杆的存在，下腔室形成一定的真空度，储油缸筒内的油液在真空度的作用下，推开补偿阀流入下腔室。由于伸张阀弹簧刚度和预紧力比压缩阀大，且伸张行程时的油液通道面积小。所以，在伸张行程产生的最大阻尼力远远超过了压缩行程内的最大阻尼力。减振器这时充分发挥减振作用，能迅速衰减振动。

二、独立悬架结构分类与原理

现代汽车，特别是轿车广泛采用独立悬架，有的轿车全部车轮都采用独立悬架。

1. 结构特点

独立悬架的结构特点是车架与每一侧车轮之间的悬架连接是独立的，它的车桥为断开式，当一侧车轮上下跳动时，不会影响到另一侧车轮位置的变化。这种悬架乘坐舒适性和操纵稳定性都较好，且具有降低汽车重心、减小汽车造型受约束的效果，但其结构复杂、造价昂贵。

2. 与非独立悬架相比的优点

a. 左、右车轮的运动相互独立，减小了车身的振动。
b. 非簧载质量小，悬架所受到的冲击小，平顺性好。
c. 与断开式车桥配用，可降低汽车重心，行驶稳定性好。

在独立悬架中，多采用螺旋弹簧和扭杆弹簧作为弹性元件，其他形式的弹性元件使用得很少。

悬架的构件虽然简单，但参数的确定却相当复杂，厂家不但要考虑汽车的舒适性和操控稳定性，还要考虑到成本问题。基于这三个原因，不同厂家有不同的倾向性策略，也就产生了国内现在比较常见的五种悬架：麦弗逊式独立悬架、双叉臂式独立悬架、双横臂式独立悬架、连杆支柱式独立悬架、多连杆式独立悬架。

3. 麦弗逊式独立悬架

如图 1-27 所示，麦弗逊式独立悬架是以发明者 Macphersan 的名字命名，在中级以下轿车中使用很广泛的一种悬架。

这种悬架由减振器、螺旋弹簧、A字形下摆臂组成，绝大部分车型还会加上横向稳定杆。减振器与套在它外面的螺旋弹簧合为一体，构成悬架的弹性支柱。支柱上端与车身挠性连接，支柱下端与转向节刚性连接。下摆臂的外端通过螺栓与转向节的下部连接，内端与副车架铰接。车轮所受的侧向力经转向节大部分由下摆臂承受，其余部分由减振器承受。

麦弗逊式独立悬架没有传统的主销实体，转向轴线为上、下铰接中心的连线。麦弗逊式悬架结构简单，布置紧凑，用于前悬架时能增大两轮内侧的空间，故多用于发动机前置前轮驱动的汽车上。

转向轮采用麦弗逊式独立悬架时，前轮定位参数的变化较小，除前束可调整外，其他参数有的车型规定不可调整，有的车型规定可以调整。

麦弗逊式独立悬架结构简单，它质量小、响应速度快，并且在一个下摆臂和支柱的几何结构下能自动调整车轮外倾角，让其能在转弯时自适应路面，让轮胎的接地面积最大化。虽然麦弗逊式悬架并不是技术含量很高的悬架结构，但麦弗逊式悬架在行车舒适性上的表现还是令人满意的，不过由于其构造为直筒式，对左、右方向的冲击缺乏阻挡力，抗制动点头作用较差，悬架刚度较弱，稳定性差，转弯侧倾明显。

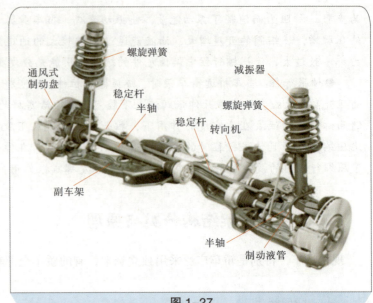

图 1-27

由于其占用空间小，适合小型车以及大部分中型车使用。国内常见的广州本田飞度、东风标致 307、一汽丰田卡罗拉、上海通用君越、一汽大众迈腾等前悬架均采用了麦弗逊式独立悬架。

麦弗逊式独立悬架的主要优点：结构简单、占用空间小、响应较快、制造成本低；主要缺点：横向刚度小、稳定性差、转弯侧倾明显。

4. 双叉臂式独立悬架

如图 1-28 所示，双叉臂式独立悬架是在中、高级轿车中使用很广泛的一种悬架。

双叉臂式独立悬架又称为双 A 臂式独立悬架，双叉臂式独立悬架拥有上、下两个叉形摆臂。其中，上、下叉臂的一端分别通过叉臂轴与车身铰接，另一端分别通过上、下球头销与转向节相连。减振器与套在它外面的螺旋弹簧合为一体，构成悬架的弹性支柱。支柱上端与车身挠性连接，支柱下端与转向节刚性连接。横向力由两个叉臂同时吸收，支柱只承载车身重量，因此，横向刚度大。垂直力通过转向节、下球头销、下摆臂和减振器及螺旋弹簧传递给车身；而纵向力、侧向力及其力矩由转向节、下摆臂、上摆臂、下球头销、上球头销传递给车身。

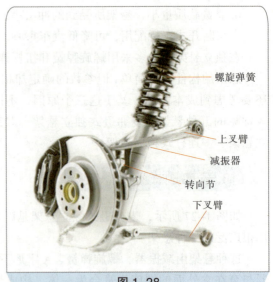

图 1-28

由于此种悬架使用上下球头销来代替主销，故属于无主销式悬架。

双叉臂式独立悬架的上、下两个 A 字形叉臂可以精确地定位前轮的各种参数。前轮转弯时，上、下两个叉臂能同时吸收轮胎所受的横向力，加上两个叉臂间的横向刚度较大，所以，转弯的侧倾较小。

双叉臂式独立悬架通常采用上、下不等长叉臂（上短下长），让车轮在上、下运动时能自动改变外倾角并且减小轮距变化、减小轮胎磨损，并且能自适应路面，轮胎接地面积大，贴地性好。

相比麦弗逊式独立悬架，双叉臂式独立悬架多了一个上摆臂，不仅需要占用较大的空间，而且其定位参数较难确定，因此，小型轿车的前桥出于空间和成本考虑一般不会采用此种悬架。但其具有侧倾小、可调参数多、轮胎接地面积大、抓地性能优异等优点，因此，绝大部分纯正血统的跑车的前悬架均选用双叉臂式独立悬架，可以说双叉臂式独立悬架是为运动而生的悬架。法拉利、玛莎拉蒂超级跑车以及F1方程式赛车均采用了双叉臂式前悬架。而国内采用双叉臂式前悬架的轿车主要有一汽丰田皇冠和锐志，以及奥迪的豪华SUV Q7、大众途锐等。

双叉臂式独立悬架的主要优点：横向刚度大、抗侧倾性能优异、抓地性能好、路感清晰；主要缺点：制造成本高、悬架定位参数设定复杂。

5. 双横臂式独立悬架

如图1-29所示，双横臂式独立悬架是在双叉臂式独立悬架的基础上改变而来的，二者有着许多的共性，双横臂式只是结构比双叉臂式简单些，可以称之为简化版的双叉臂式独立悬架。同双叉臂式悬架一样，双横臂式悬架的横向刚度也较大，一般也采用上、下不等长摆臂设置。

双横臂式悬架设计偏向运动性，其性能优于麦弗逊式悬架，但比起真正的双叉臂式悬架以及多连杆悬架要稍差一些。国内采用双横臂式前悬架的轿车主要有：广州本田雅阁、一汽轿车马自达6以及克莱斯勒300C，而采用双横臂式后悬架的有东风本田思域。

6. 连杆支柱式独立悬架

连杆支柱式独立悬架严格意义上来说没有这种称谓，但是，随着国内广州丰田凯美瑞的热销，连杆支柱这个名字被越来越多的人熟悉，我们也就姑且把这种悬架称为连杆支柱式独立悬架。

如图1-30所示，连杆支柱式悬架与麦弗逊式悬架一样，用来支撑车体的也是减振器支柱，它把减振器和螺旋弹簧组装成一体。连杆支柱式悬架也是一根粗大的减振器支柱，与麦弗逊式悬架的主要区别在于：悬架下部与车身连接的A字形下摆臂改成三根连杆定位。转弯时产生的横向力

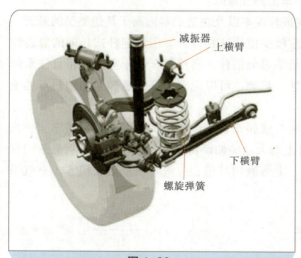

图1-29

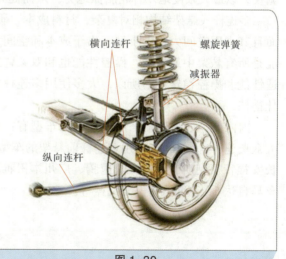

图1-30

主要由减振器支柱和横向连杆来承担。它具有与麦弗逊式悬架相近的操控性能，又有比麦弗逊式悬架更高的连接刚度和相对较好的抗侧倾性能。但是，同样也存在麦弗逊式悬架的缺点，就是稳定性不好，转弯侧倾还是较大，需要加装横向稳定杆来减小转向侧倾。

不过其占有空间小于真正的多连杆式悬架，成本也低于多连杆式悬架，因此，被不少厂家采用。国内采用这种前悬架的主要有昌河铃木利亚纳、东风悦达起亚赛拉图、北京现代伊兰特、广州丰田凯美瑞等，而采用连杆支柱式后悬架的有汉兰达。

连杆支柱式独立悬架的主要优点：结构简单、占用空间较小、制造成本较低；主要缺点：横向刚度依然有限、稳定性不佳、容易加剧前驱车的转向不足特性。

7. 多连杆式独立悬架

多连杆式独立悬架可分为多连杆式前悬架和多连杆式后悬架。其中前悬架一般为3根连杆或4根连杆式独立悬架；后悬架则一般为4根连杆或5根连杆式独立悬架。其中，5连杆式后悬架应用较为广泛。

如图1-31所示，多连杆式悬架能实现主销后倾角的最佳位置，大幅度减小来自路面的前后方向力，从而改善加速和制动时的平顺性和舒适性。同时也保证了直线行驶的稳定性。因为由螺旋弹簧拉伸或压缩导致的车轮横向偏移量很小，不易造成非直线行驶。在车辆转弯或制动时，多连杆式悬架结构可使后轮形成正前束，提高了车辆的控制性能，减少转向不足的情况。

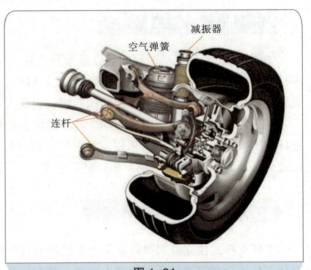

图1-31

多连杆式悬架在收缩时能自动调整外倾角、前束角以及使后轮获得一定的转向角度。通过对连接运动点的约束角度设计使得悬架在压缩时能主动调整车轮定位，能完全针对车型进行匹配和调校，以最大限度地发挥轮胎抓地力，从而提高整车的操控极限。

多连杆式悬架结构相对复杂，材料成本、研发试验成本以及制造成本远高于其他类型的悬架，而且其占用空间大，中小型车出于成本和空间考虑极少使用这种设计。但多连杆式悬架的舒适性能是所有悬架中最好的，操控性能也和双叉臂式悬架难分伯仲。高档轿车由于空间充裕且注重舒适性能和操控稳定性，所以，大多使用多连杆式独立悬架，可以说多连杆式悬架是高档轿车的绝佳搭档。

国内前、后悬架均采用多连杆的车型有：奔驰E级轿车、华晨宝马的3系及5系轿车、一汽大众奥迪A4及A6L；采用多连杆前悬架的车型有上海大众的帕萨特领驭；采用多连杆后悬架的有长安福特福克斯、一汽大众速腾、广州本田雅阁、上海通用君越、一汽丰田皇冠及锐志、一汽轿车马自达6、东南汽车三菱戈蓝等。

任务四 特殊悬架系统的构造及工作原理

一、电磁悬架

电磁悬架也常称为磁流变液减振器悬架,如图 1-32 所示。

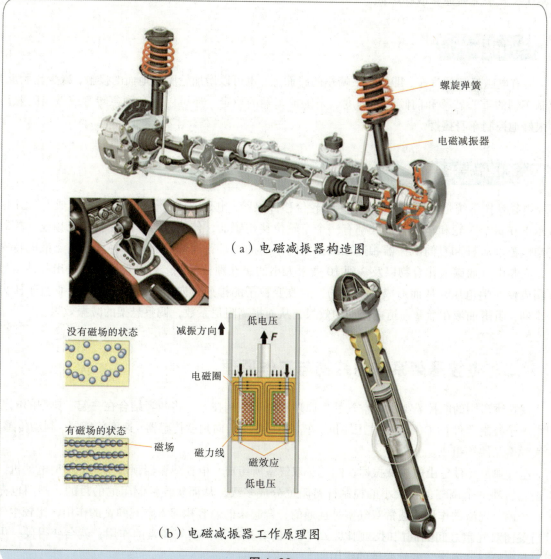

(a) 电磁减振器构造图

(b) 电磁减振器工作原理图

图 1-32

课题一 汽车悬架系统

磁流变液（Magnetorheological Fluid，简称 MR Fluid）是一种新型智能材料。它可用于智能阻尼器（即磁流变液减振器），制成阻尼力连续顺逆可调的新一代高性能、智能化减振装置。该装置结构简洁，功耗极低，控制应力范围大，并可实现对阻尼力的瞬间精确控制，且对杂质不敏感。工作温度范围宽，可在 –50℃ ~ 140℃ 内工作。磁流变液减振器可以直接通过普通低伏电源（一般的蓄电池）供电，避免高伏电压带来的危险和不便。与传统的汽车减振器相比，其运动部件大为减少，几乎无碰撞，故噪声低。

1. 优点

该装置结构简洁，功耗极低，控制应力范围大，并可实现对阻尼力的瞬间精确控制，且对杂质不敏感，工作温度范围宽，可在 –50℃ ~140℃ 内工作。电磁悬架可以直接通过普通低伏电源（一般的蓄电池）供电，避免高伏电压带来的危险和不便。与传统的汽车减振器相比，其运动部件大为减少，几乎无碰撞，故噪声低。

2. 作用

装有电磁悬架的汽车，即使在最崎岖的路面上，也可以增加轮胎与地面的接触，减少轮胎反弹，控制车辆的重心转移和前倾后仰程度，来维护车辆的稳定，还可以在车辆急转弯或做出闪躲动作时很好地控制车身摇摆。

3. 工作原理

电磁悬挂系统是由车载控制系统、车轮位移传感器、电磁液压杆和直筒减振器组成（如图1-32所示）在每个车轮和车身连接处都有一个车轮位移传感器，传感器与车载控制系统相连，控制系统与电磁液压杆和直筒减振器相连在减振器内采用的不是普通油，而是一种称作电磁液的特殊液体，它是由合成碳氢化合物以及 3 到 10 微米大小的磁性颗粒组成。一旦控制单元发出脉冲信号，线圈内便产生电压，从而形成一个磁场，并改变粒子的排列方向。这些粒子马上会垂直于压力方向排列，阻碍油液在活塞通道内流动的效果，从而提高阻尼系数，调整悬架的减振效果。

二、电控悬架系统的结构与工作原理

现在轿车用的电控悬架引入空气悬架原理和电子控制技术，将两者结合在一起。典型的电控悬架由电子控制元件（ECU）、空气压缩机、车高传感器、转向角度传感器、速度传感器、制动传感器、空气弹簧元件等组成。

空气弹簧元件是由电控减振器、阀门、双气室所组成。电控减振器顶部有一个小型电动机，可通过它转动一个调整量孔大小的控制杆将阻尼分成多级，从而实现控制阻尼的目的。阀门也充当了一个调节气流的作用，通常双气室是连通的，合起来的总容积起着空气弹簧的作用，比较柔软；但当关闭双气室之间的阀门时，则以一个气室的容量来承担空气弹簧的作用，就会变得硬，因此阀门起到控制"弹簧"变软变硬的作用。

1. 电控悬架系统的基本目的

电子控制悬架系统的基本目的是：通过控制调节悬架的刚度和阻尼力，突破传统被动悬架的局限性，使汽车的悬架特性与道路状况和行驶状态相适应，从而保证汽车行驶的平顺性和操纵的稳定性要求都能得到满足。

2. 电控悬架系统的基本功能

车高调整：无论车辆的负载多少，都可以保持汽车高度一定，车身保持水平，从而使前大灯光束方向保持不变；当汽车在坏路面上行驶时，可以使车高升高，防止车桥与路面相碰；当汽车高速行驶时，又可以使车高降低，以便减少空气阻力，提高操纵稳定性。

减振器阻尼力控制：通过对减振器阻尼系数的调整，防止汽车急速起步或急加速时车尾下蹲；防止紧急制动时的车头下沉；防止汽车急转弯时车身横向摇动；防止汽车换挡时车身纵向摇动等，提高行驶平顺性和操纵稳定性。

弹簧刚度控制：在各种工况下，通过对弹簧性系数的调整，来改善汽车的乘坐舒适性与操纵稳定性。

3. 电控悬架系统的分类

按传力介质的不同，电控悬架系统可分为气压式电控悬架和油压式电控悬架两种。

按控制理论不同，电控悬架系统可分为半主动式、主动式两大类。其中半主动式又分为有级半主动式（阻尼力有级可调）和无级半主动式（阻尼力连续可调）两种；主动式悬架根据频带和能量消耗的不同，分为全主动式（频带宽大于15Hz）和慢全主动式（频带宽3～6Hz）。

根据驱动机构和介质的不同，可分为电磁阀驱动的油气主动式悬架和由步进电动机驱动的空气主动式悬架。

无级半主动悬架可以根据路面的行驶状态和车身的响应对悬架阻尼力进行控制，并在几毫秒内由最小变化到最大，使车身的振动响应始终被控制在某个范围内。但在转向、起步、制动等工况时不能对阻尼力实施有效的控制。它比全主动式悬架优越的地方是不需要外加动力源，消耗的能量很小，成本较低。

主动式悬架是一种能供给和控制动力源（油压、空气压）的装置。根据各种传感器检测到的汽车载荷、路面状况、行驶速度、起动、制动、转向等状况的变化，自动调整悬架的刚度、阻尼力以及车身高度等。它能显著提高汽车的操纵稳定性和乘坐舒适性，但是成本较高，能耗也较大。

4. 电控悬架系统的基本原理

如图1-33所示，电控悬架工作时，阀门的相互作用控制通向空气弹簧元件的气流量。传感器检测出汽车的行驶状态并反馈至ECU，ECU综合这些反馈信息计算并输出指令控制空气弹簧元件的电动机和阀门，从而使电控悬架随行驶及路面状态不同而变化：在一般行驶中，空气弹簧变软、阻尼变弱，获得舒适的乘坐感；在急转弯或者制动时，则迅速转换成硬的空气弹簧和较强的阻尼，以提高车身的稳定性。同时，该系统的电控减振器还能调整汽车高度，可以随车速的增加而降低车身高度（减小离地间隙），减少风阻以节省能源；在车速比较慢时车身高度又可恢复正常。而在日常调节中，空气悬挂会有几个状态。

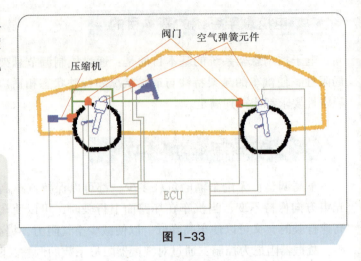

图 1-33

（1）保持状态

当车辆被举升器举起，离开地面时，空气悬挂系统将关闭相关的电磁阀，同时电脑记忆车身高度，使车辆落地后保持原来高度。

（2）正常状态

正常状态即发动机运转状态。行车过程中，若车身高度变化超过一定范围，空气悬挂系统将每隔一段时间调整车身高度。

（3）唤醒状态

当空气悬挂系统被遥控钥匙、车门开关或行李厢盖开关唤醒后，系统将通过车身传感器检查车身高度。如果车身高度低于正常高度一定程度，储气罐将提供压力使车身升至正常高度。同时，空气悬挂可以调节减振器软硬度，包括软态、正常及硬态 3 个状态（也有标注成舒适、普通、运动三个模式等），驾驶者可以通过车内的控制钮进行控制。

5. 电控悬架系统的发展过程

电控空气悬架已经有 70 多年的发展历史了。目前的应用范围相当广泛，特别是在商用车领域，100% 的中型以上客车和 80% 以上的卡车都使用了电控空气悬架系统。而现在在乘用车上，高档汽车和 SUV 车型对其应用广泛。

1987 年，世界上首次推出装有电控空气弹簧的主动悬架，它是一种通过改变空气、弹簧的空气压力来改变弹性元件刚度的主动悬架。

1989 年又推出了装有油气弹簧的主动悬架。

任务五　悬架系统的拆装与故障诊断

一、悬架系统的拆装

1. 三角臂的拆装与维修

（1）三角臂的拆卸

① 松开前轮胎螺栓，如图1-34所示。
② 抬高并垫起汽车前部。
③ 拆下车轮，如图1-35所示。

图 1-34

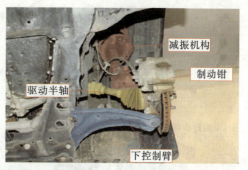

图 1-35

④ 用专用工具将轮毂固定，卸下传动轴端头紧固螺母，如图1-36所示。
⑤ 拧下如图1-37所示的3个螺栓，拆下三角臂总成的球形接头，使三角臂与转向节分离。
⑥ 拧下三角臂上横向稳定杆支架的紧固螺栓，如图1-37所示，然后拆下横向稳定杆支架，如图1-38所示。
⑦ 参照图1-38，拧下三角臂与前托架铰接的弹性铰接固定螺栓，取下三角臂。

课题一 汽车悬架系统

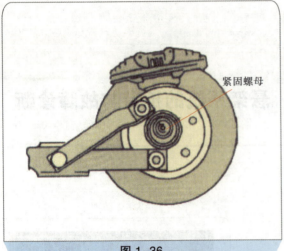

图 1-36

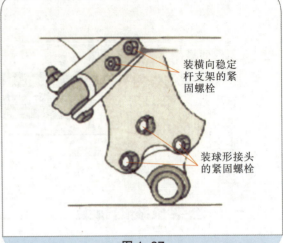

图 1-37

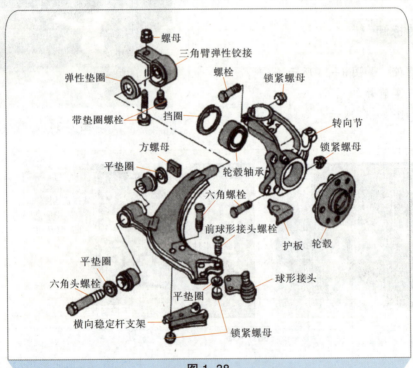

图 1-38

（2）三角臂的安装

安装的顺序应按拆卸顺序的反向进行。但安装时应注意如下方面。

a. 应清洁所有零件。

b. 必须更换拆下的紧固螺栓。

c. 更换所有损坏的零件。

d. 按规定力矩拧紧紧固螺栓，并在螺栓上涂以防松胶。

2. 前悬架支柱及转向节的拆装与维修

（1）前悬架的拆卸

a. 松开轮胎螺栓。

b. 抬高并垫起汽车，拆下前轮。

c. 用三角挂工具固定制动盘，拧下传动轴端头紧固螺母。

d. 拧下制动摩擦片磨损信号灯线束的固定螺栓，卸下其固定支架。

e. 参照图1-39所示，卸下转向横拉杆球头销螺母，并用专用工具球头销拆卸器卸下转向横拉杆球形接头。

f. 拆下制动摩擦片，并拧下制动钳的两个紧固螺栓，卸下制动钳（如图1-40所示）。

图1-39

图1-40

g. 拆下位于悬挂支柱中部的连接横向稳定杆的连接杆与悬架支柱的紧固螺母，拆下横向稳定杆。

h. 在三角臂上拧下球形接头的三个紧固螺母，卸下球形接头，使三角臂与转向节分离。

i. 拆下靠转向节一侧的传动轴，并将其放好，使内侧传动轴保持在差速器内，以免变速器内润滑油流出。

j. 拧下转向节上用来紧固悬挂支柱末端的紧固螺母，然后将专用工具插进转向节座圈的开口处（如图1-41所示）并扳动，使转向节座孔与减振器筒体松开，将转向节向下拉出。

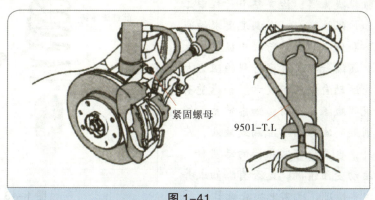

图1-41

k. 拧下前悬挂支柱与车身的两个连接螺栓，从汽车下面抽出前悬挂支柱总成。

（2）前悬挂支柱的分解

分解前悬挂支柱应在弹簧压缩器等工具上进行。分解时，可将专用工具固定在台虎钳上（如图1-42所示），使压缩器的上、下压叉插入弹簧的上、下部，再慢慢地扳动丝杆收紧压叉，用压缩器压缩悬挂弹簧，弹簧压缩到可卸下端部紧固螺母的程度即可，用扳手拆卸端部的紧固螺母。然后，渐渐松开弹簧压缩器，分解前悬挂支柱，取下弹簧上支座、保护套、止推球轴承、防尘套等零件。其分解后的零件如图1-43所示。

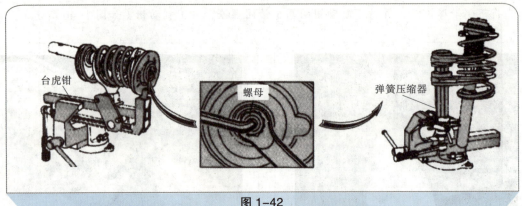

图1-42

（3）前悬挂支柱的检修

前减振器的检修：悬挂的减振器为不可拆卸式，系一次性部件，目检时，若减振器存在弯曲或严重的凹陷或刺孔，应予以更换。正常情况下，只有在减振器泄漏严重并在外套能看到减振器油滴，车辆遇到路面冲击而车轮回跳过度时，才需要换减振器。

减振器拆下检查时，可采用如图1-44(a)所示办法，来回推拉减振器，检查整个行程中工作的平滑、压缩和伸张性能。一个满足要求的减振器应该能在压缩和伸张的全部行程中提供强大的稳定阻力（当然压缩行程和伸张行程的阻力大小可能不同）且能运动自如而不发卡。如感觉有稳定的阻力，则说明减振器完好；如感觉无压缩或无伸张阻力，则表明减振器有泄漏或缺油，应更换减振器。另外，也要检查减振器的活塞杆，看其有无弯曲和运动受阻情况，是否有漏油或异常噪声。若存在这些情况，也需更换减振器。

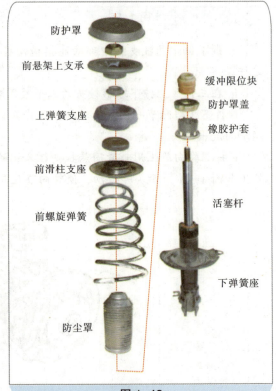

图1-43

减振器的工作效能，可不拆下减振器而实行就车检查，如图1-44（b）所示。检查方法是使减振器处于工作状态，通常是用手把车辆压下，然后迅速地放开手，若车辆的反弹次数超过两次，则说明减振器工作效能差，应更换减振器。

减振器是否缺油，也可就车检验。一是目检，看是否有漏油的痕迹。二是在汽车运行后的触摸检查：汽车运行一段时间停车后迅速用手触摸减振器筒体，如果感到筒体发热、烫手，说明减振器工作正常，不缺油。若感觉筒体不发热或温度变化不大，则说明减振器缺油或失效。减振器缺油或漏油或失效时，应更换减振器。

减振器缺油时，往往导致减振器发响。这是因为减振器是靠其缸内的液压油（机油）在小孔中来回流动产生阻力作用而实现减振的。一旦减振器缺油，则减振器就失去减振功能。此时汽车在不平路面行驶时，就会发出"咯噔、咯噔"的撞击声。因此，一旦减振器有异常响声，应更换减振器。新的减振器如储存过一段时间，应在装车前来回拉动几次减振器活塞杆，使其能正常工作。

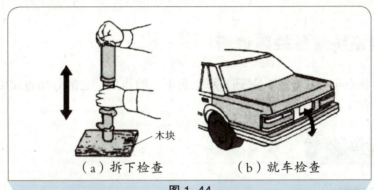

图1-44

（4）前悬挂柱的组装

a. 清洁各组件。
b. 将弹簧下支座定位到减振器筒上，如图1-45所示。
c. 将防护套、缓冲块、平垫圈分别装到减振器上，如图1-45所示。
d. 用台虎钳固定专用工具弹簧压缩器（如图1-42所示），装悬架弹簧，并予以压缩。
e. 依次装上橡胶护套、防尘罩盖、缓冲限位块、防尘罩、前螺旋弹簧、前滑柱支座、上弹簧支座、前悬架上支承、前悬架上支承、防护罩（如图1-43所示），并按规定力矩拧紧紧固螺母。
f. 装配完毕后，慢慢松开弹簧压缩器，使弹簧松开，应确保弹簧装在其上下支座中。

注意：

a. 前悬架总成不能焊接和整形修理。
b. 自锁螺母必须更换新件。
c. 螺母或螺栓的紧固力矩应符合规定。
d. 轮毂轴承压入前应涂上润滑脂，两只挡圈的开口位置相差180度。
e. 对有液压转向的，要在传动轴花键处涂5mm宽密封剂，60分钟后方可行驶。

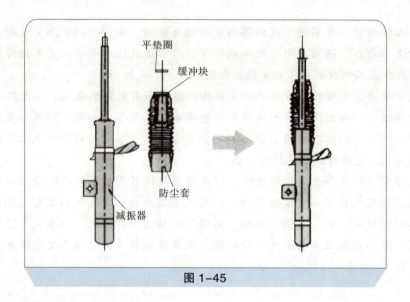

图 1-45

二、悬架系统常见故障诊断

悬架系统用于联系车身和车轮，起到"承上启下"的作用。它的好坏直接影响到乘坐舒适性和行驶稳定性及安全性。其主要的故障如下。

1. 钢板弹簧折断

（1）故障现象

汽车行驶时，方向定向跑偏；停车检查时，车身向一侧倾斜。

（2）故障原因

a. 车辆在不平路面上超载、超速运行，或转弯时车速过快，负荷突然增大。
b. 车辆长期在超载或装载不均匀状况下使用，在封存车辆时，未按规定解除钢板弹簧的负荷。
c. 维护不及时，钢板弹簧片之间润滑不良或根本无润滑，使钢板弹簧片间的相对移位能力降低，造成承载能力下降而断裂。
d. 弹簧夹松动，负荷集中在钢板弹簧上面几片，上面几片容易断裂。
e. 更换的新钢板弹簧片曲率与原片曲率不同。
f. 汽车紧急制动过多，或在满载下坡时，使用紧急制动使汽车负荷前移。前钢板弹簧突然承受额外负荷，造成钢板弹簧的一、二片断裂。

（3）故障诊断与排除

a. 当汽车行驶中听到"咔嗒、咔嗒"的金属撞击声，则将车辆支起，使钢板弹簧处于自由状态，在钢板弹簧支架端用撬棒上下撬动钢板弹簧，若能撬动，说明钢板弹簧销、衬套、吊环支架间的间隙过大。

b. 若汽车在正常装载条件下行驶，车架与钢板弹簧之间发生撞击，当行驶在不平路面上时，产生异响更大，则将车辆支起，使弹簧处于自由状态，测量弹簧弧高，若不符合规定，或钢板弹簧反垂、钢板弹簧软垫破裂，则钢板弹簧因疲劳而失效，应更换。

2. 减振器失效

（1）故障现象

汽车在不平路面上行驶，车身强烈振动并连续跳动，有时在一定范围内会发生"摆头"现象。

（2）故障原因

a. 减振器连接销（杆）脱落或橡胶衬套（软垫）磨损破裂。
b. 减振器油量不足或存有空气。
c. 减振器阀门密封不良。
d. 减振器活塞与缸筒磨损过量，配合松旷。

（3）故障诊断与排除

a. 检查减振器连接销（杆）、橡胶衬垫、连接孔是否有损坏、脱落、破裂，若有应及时更换。
b. 察看减振器是否有漏油和陈旧性漏油痕迹。
c. 用力按汽车保险杠，手放松，若车身能有两三次跳跃，说明减振器良好；反之，故障在减振器内部，应更换。

3. 减振器漏油

（1）故障现象

在减振器油封处或活塞连杆处有漏油痕迹。

（2）故障原因

a. 油封垫圈、密封垫圈破裂，储油缸盖螺母松动。
b. 减振器活塞杆弯曲或表面拉伤，破坏了油封。

（3）故障诊断与排除

a. 拧紧储油缸盖螺母，若仍有油液漏出则是油封或密封垫圈失效。

b. 更换新密封件后仍漏油，则应拉压减振器，若感到发卡、轻重不一时，则应进一步检查活塞杆是否弯曲，表面是否有划痕。

4. 前悬架有噪声

（1）故障现象

汽车在行驶过程中，特别是道路颠簸、突然制动、转弯时从前悬架部位发出噪声。

（2）故障原因

a. 前减振器、转向节、下摆臂的连接螺栓松动。

b. 前减振器漏油严重或前减振器活塞杆与缸筒磨损严重。

c. 下摆臂的前后橡胶衬套磨损、老化或损坏。

d. 螺旋弹簧失效或折断。

（3）故障诊断与排除

a. 如果前减振器、转向节、下摆臂的连接螺栓松动，则重新紧固各松动螺栓。

b. 如果前减振器漏油严重或前减振器活塞杆与缸筒磨损严重，则需更换前减振器。

c. 如果下摆臂的前后橡胶衬套磨损、老化或损坏，则需更换橡胶衬套。

d. 如果螺旋弹簧失效或折断，则需要更换螺旋弹簧。

5. 后悬架有噪声

（1）故障现象

汽车在行驶过程中，特别是道路颠簸、突然加速、转弯时从后悬架部位发出噪声。

（2）故障原因

a. 后减振器漏油或损坏。

b. 后减振器端缓冲套损坏。

c. 后轮毂轴承损坏。

d. 后桥体橡胶支承损坏。

e. 后减振器的螺旋弹簧损坏，纵摆臂与后轴管支架之间的滚针轴承损坏。
f. 扭杆与纵摆臂、后轴管支架总成的花键磨损松动。
g. 后悬架各紧固螺栓或螺母松动。

（3）故障诊断与排除

a. 如果后减振器漏油或损坏，则更换后减振器。
b. 如果后减振器端缓冲套损坏，则更换缓冲套。
c. 如果后轮毂轴承损坏，则更换轴承。
d. 如果后桥体橡胶支承损坏，则需要更换后桥体橡胶支承。
e. 如果后减振器的螺旋弹簧损坏，需要更换螺旋弹簧。
f. 如果扭杆与纵摆臂、后轴管支架之间的滚针轴承损坏，则需要更换滚针轴承。
g. 如果扭杆与纵摆臂、后轴管支架总成的花键磨损松动，则需要更换扭杆。
h. 如果后悬架各紧固螺栓或螺母松动，则紧固螺栓或螺母。

6. 前轮自动跑偏

（1）故障现象

汽车行驶时，不能保持直线行驶方向，而自动偏向一边。

（2）故障原因

a. 两前轮的气压不一致。
b. 两前轮轮胎磨损不一致。
c. 左、右螺旋弹簧损坏或产生永久变形。
d. 左、右前减振器损坏或变形。
e. 前轮定位角不正确。
f. 横向稳定杆橡胶套损坏或固定螺栓松动。

（3）故障诊断与排除

a. 若两前轮的气压不一致，导致跑偏，则将两前轮均充至正常气压。
b. 若两前轮轮胎磨损不一致，则需要更换成色相同的轮胎。
c. 若左、右螺旋弹簧损坏或产生永久变形，则需要两侧一起更换螺旋弹簧。
d. 若左、右前减振器损坏或变形，则需要更换前减振器。
e. 如果前轮定位角不正确，则需要重新检查和调整前轮定位角。
f. 若横向稳定杆橡胶套损坏或固定螺栓松动，则需要更换橡胶套并重新紧固螺栓。

7. 前轮摆动

（1）故障现象

汽车行驶时，在达到某一速度时，出现方向盘发抖、摆振。

（2）故障原因

a. 轮毂的钢圈螺栓松动。
b. 前悬架螺栓松动。
c. 前轮毂轴承磨损。
d. 车轮轮辋产生偏摆。
e. 车轮动不平衡。
f. 下摆臂的球头销磨损或松动。
g. 转向横拉杆球头销磨损或松动。
h. 前轮定位角不正确。

（3）故障诊断与排除

a. 如果轮毂的钢圈螺栓松动，则需要按照规定力矩和顺序紧固钢圈螺栓。
b. 如果前悬架螺栓松动，则需要紧固转向节、前减振器及下摆臂的紧固螺栓或螺母。
c. 如果前轮毂轴承磨损，则需要更换轴承。
d. 如果车轮轮辋产生偏摆，则需要更换轮辋。
e. 如果车轮动不平衡，则需要做车轮动平衡。
f. 如果下摆臂的球头销磨损或松动，则需要更换球头销。
g. 如果转向横拉杆球头销磨损或松动，则需要更换球头销。
h. 前轮定位角不正确，则需要校正前轮的前束和外倾角。

8. 后轮摆动

（1）故障现象

汽车保持直线行驶时，当达到某一速度后，感觉后轮有明显的左右摆动。

（2）故障原因

a. 后轮轮毂偏摆。
b. 后车轮动不平衡。

c. 后摆臂上短轴变形。
d. 后轮毂轴承间隙过大。
e. 后桥体变形。
f. 后减振器失效。

（3）故障诊断与排除

a. 如果后轮轮毂偏摆，需要更换后轮轮毂。
b. 如果后车轮动不平衡，则需要做后车轮动平衡。
c. 如果后摆臂上短轴变形，则需要更换短轴。
d. 如果后轮毂轴承间隙过大，则需要进行后轮毂轴承间隙调整。
e. 如果后轮毂轴承损坏，需要更换轴承。
f. 如果后桥体变形，则更换后桥体。
g. 如果后减振器失效，则更换后减振器。

三、电控悬架系统的诊断与维修

1. 凌志 LS400 电控空气悬架系统的诊断与维修

日本丰田汽车公司在 LS400 型轿车上安装了电子调节空气悬架系统（EMAs），它是一种较典型的空气悬架系统。具有两套控制系统：一是控制弹簧刚度和减振器的阻尼力；二是控制汽车车身高度。

（1）检测和调整

① 汽车高度的检查和调整

注意：

必须在高度控制开关处于 NORM 位置时进行汽车高度的调整。
应该在水平地面上进行汽车高度的检查和调整。

● 汽车高度的检查。
汽车高度的检查步骤为：
· 将 LRC 开关转到 NORM 位置；
· 使汽车上下跳振几次，以使悬架处于稳定状态；
· 朝前和朝后推动汽车，以使轮胎处于稳定状态；
· 将换挡杆放在 N 档位；

·堵住车辆不让其滚动,然后松开驻车制动器;

·起动发动机,将高度控制开关转到HIGH位置,在汽车高度升高的状态下等待1分钟后,将高度控制开关转到NORM位置以使汽车下降,在这种状态下等待50s后,再重复一次上述操作;

·测量汽车高度,前部应该是249mm±10mm;后部应该是231.5mm±10mm;左右误差应该在10mm以下;汽车前部高度与后部高度之差应该在17.5mm±15mm之内。

● 汽车高度的调整。

如果汽车的高度不符合标准,则应按照以下步骤进行调整:

·拧松高度控制传感器连接杆上的两个锁紧螺母(图1-46);

·转动高度控制传感器连接杆的螺栓以调节长度(高度控制传感器连接杆每转一圈能使汽车高度改变大约4mm);

·检查如图1-47所示的高度控制传感器连接杆的尺寸是否小于极限值,即前部8mm,后部11mm;

·暂时拧紧两个锁紧螺母;

·再检查一次汽车高度;

·拧紧锁紧螺母。

> **注意:**
>
> 在拧紧锁紧螺母时应确保球节与托架平行。

·检查车轮定位。

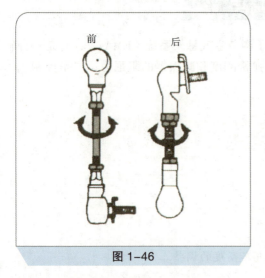

图1-46

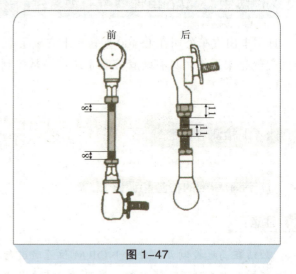

图1-47

② 汽车高度调整功能的检查

操作高度控制开关,检查汽车高度的变化情况,其步骤为:

● 检查轮胎充气是否正确;

● 检查汽车高度;

● 起动发动机,将高度控制开关从NORM位置转换到HIGH位置,检查完成高度调整所需的时间和汽车高度的变化量。从操作高度控制开关到压缩机起动需要约 2s，从压缩机起动到完成高度调整约需 20s～40s。汽车高度的变化量约为 10～30mm。

● 在汽车处于 HIGH 高度调整的状态下，起动发动机并将高度控制开关从 HIGH 位置切换到 NORM 位置。检查完成高度调整所需的时间和汽车高度变化量，从操作高度控制开关到压缩机起动需要约 2s，从压缩机起动到完成高度调整约需 20s～40s。汽车高度的变化量约为：10～30mm。

③ 溢流阀的检查

迫使压缩机工作，检查溢流阀动作，具体步骤为：
● 将点火开关转到 ON 并将高度连接器控制开关短接，以迫使压缩机工作；
● 等压缩机工作一段时间后，检查溢流阀是否放气；
● 将点火开关转到 OFF 位置；
● 清除故障代码。

注意：

当迫使压缩机工作时，ECU 中会记录一个故障代码。在完成检查后，务必将这个故障代码清除掉。

④ 漏气检查

检查空气软管和软管接头是否漏气，步骤为：
● 将高度控制开关拨到 HIGH 位置，使汽车高度上升；
● 关闭发动机；
● 在空气软管和软管接头处涂肥皂水检查是否有漏气。

（2）系统的自诊断

凌志 LS400 电控空气悬架系统的自诊断包括以下三个部分：
● 指示灯检查；
● 故障代码检查；
● 输入信号检查（试验状态检查）。

① 指示灯检查

当悬架控制系统出现故障并存储有故障代码时，ECU 通过使"NORM"指示灯每秒闪一次的方式向驾驶员报警。这时可通过检查指示灯对系统进行诊断，其步骤为：
● 将点火开关转到 ON 位置；
● 检查 LRC 指示灯和高度控制指示灯应该亮 2s 左右。

◎ 注意：

当 LRC 开关拨到"SOPRT"位置时，LRC 指示灯将始终亮着。同样，当高度控制开关拨到"HIGH"时，高度控制指示灯也始终亮着。

如果在指示灯检查过程中出现如表 1-1 所列的故障，则应按表检查相应电路并排除故障。

表 1-1 悬架系统指示灯显示故障及其诊断

故障征兆	检查电路
打开点火开关后，"SPORT"、"HI"和"NORM"指示灯不亮	汽车高度控制供电电路
	指示灯电路
打开点火开关后，"SPORT"、"HI"、"NORM"指示灯亮两秒钟，然后全部熄灭	悬架控制执行器供电电路
有些指示灯、"SPORT"、"HI"、"NORM"或"HEIGHT"、照明灯不亮	指示灯电路或"HEIGHT"照明灯电路
即使 LRC 开关拨到"NORM"侧，"SPORT"指示灯仍旧亮着	LRC 开关电路
仍旧亮着的一对高度指示灯与高度控制指示灯	高度控制开关电路

备注：
① 当打开点火开关时，"HEIGHT"照明灯保持点亮状态。
② 当高度控制"NORM"指示灯以 1s 间隔闪烁时，表明 ECU 存贮器中存有故障代码

② 诊断代码检查

故障代码的读取步骤为：
● 将点火开关转到 ON 位置；
● 用专用工具将 TDCL 的端子 T_c 和端子 E_1 连接（图 1-48），或用专用仪器（图 1-49）检查；
● 读取仪表上高度控制指示灯输出的故障代码；
● 利用表 1-2 所示的故障代码表检查故障情况；
● 检查完毕后，脱开端子 T_c 和 E_1，并关闭显示器。

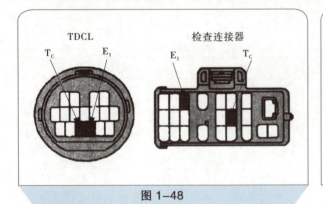

图 1-48

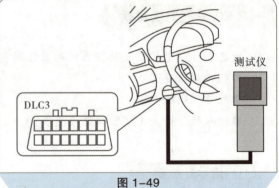

图 1-49

◎ 注意：

● 当高度控制开关 ON/OFF 开关在"OFF"位置时，会输出故障代码 71，但这不是故障。
● 当发动机没起动时，会输出故障代码 73，这也不是故障。

任务五 悬架系统的拆装与故障诊断

●当没有故障代码输出时，应该检查 T_c 端子电路。

当系统故障排除后，应该将存储器中存储的故障代码清除。清除方法有以下两种：
●关闭点火开关，拆下接线盒中的 ECU—B 保险丝 10s 以上；
●关闭点火开关，用专用工具将高度控制连接器开关短接，将点火开关转到 ON 后再转到 OFF，然后脱开专用工具即可。

表 1-2 故障代码表

代码	系统	故障诊断	故障代码显示模式	NORM 指示灯	存贮器
—	—	正常		—	—
11	前右高度控制传感器电路	高度控制传感器电路开路或短路		●	●
12	前左高度控制传感器电路			●	●
13	后右高度控制传感器电路			●	●
14	后左高度控制传感器电路			●	●
21	前悬架控制执行器电路	悬架控制执行器电路开路或短路		●	●
22	后悬架控制执行器电路			●	●
31	1 号高度控制阀电路	高度控制阀电路开路或短路		●	●
33	2 号高度控制阀电路（右悬架）			●	●
34	2 号高度控制阀电路（左悬架）			●	●
35	排气阀电路	排气阀电路开路或短路		●	●
41	1 号高度控制继电器电路	1 号高度控制继电器电路开路或短路		●	●
42	压缩机电动机电路	压缩机电动机电路短路或压缩机电动机卡住		●	●
51	向 1 号高度控制继电器（用来控制压缩机电动机）的供电时间超限	向 1 号高度控制继电器（控制压缩机电动机用）的供电时间约 8.5min 以上		—	●
52	向排气阀的供电时间超限	向排气阀的供电时间约 6min 以上		—	●
61	悬架控制信号	ECU 故障		—	●
71	高度控制 ON/OFF 开关电路	高度控制 ON/OFF 开关位于"OFF"位置或高度控制 ON/OFF 开关电路短路		●	—
72	悬架控制执行器供电电路	悬架控制执行器供电电路开路或悬架保险烧断		●	●

备注：
①第 5 列中"●"表示高度控制"NORM"指示灯以 1s 的间隔闪烁，"—"表示指示灯不闪烁。
②第 6 列中"●"表示存贮器中存有故障代码 (不论点火开关是打开还是关闭)。
③因为压缩空气的溢流压力为 980kPa，如果试图在坡道上或汽车超负荷情况下进行高度控制，就会输出代码"51"，同时汽车高度控制、阻尼力控制和弹簧刚度控制中止，这并非异常。在这种情况下，只要关闭点火开关约 70min 后再打开，系统即恢复正常。
④如果在拆下车轮或支起汽车的情况下进行汽车高度控制，就会显示代码"52"，同时汽车高度控制、阻尼力控制和弹簧刚度控制中止，这并非异常。此时只要关闭点火开关后再打开，系统即恢复正常。
⑤当高度控制 ON/OFF 开关在"OFF"位置时，输出故障代码"71"

③ 输入信号检查

这项工作是检查来自转向传感器和停车灯开关的信号是否正常地输入ECU。具体检查步骤为：
- 将点火开关转到OFF位置；
- 将表1-3中的每个检查项目调到操作栏A所示状态；

表1-3 输入信号检查

检查项目	操作 A	操作 B
节气门位置传感器	加速踏板不踩下	加速踏板踩到底
转向传感器	不打转向	转向角36°或更大
停车灯开关	OFF（制动踏板不踩下）	ON（制动踏板踩下）
门控制灯开关	OFF（所有车门关闭）	ON（一扇车门开启）
高度控制开关	NORM位置	HIGH位置
LRC开关	NORM位置	SPORT位置
1号车速传感器	汽车车速低于20km/h	汽车车速高于20km/h

- 用专用工具短接发动机室内的诊断连接器T_s端子和E_1端子；
- 将点火开关拨到NO位置或使发动机起动；

注意：

这时高度控制指示灯会闪亮2s，此后该指示灯应以0.25s的时间隔闪亮。若高度指示灯不闪亮，应检查T_s端子电路。

- 将每个检查项目调到操作栏B的操作状态。这时操作各个检查项目时，高度控制指示灯会亮1s；
- 用专用工具将TDCL的端子T_c与E_1连接（同时连接T_s端子和E_1端子），端子如图1-50所示；

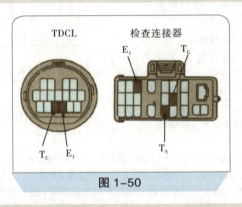

图 1-50

- 读出"HIGH HI"指示灯输出的试验诊断代码和诊断代码。如果不输出诊断代码，检查Tc端子电路；
- 利用试验诊断代码表1-4检查故障；
- 退出输入信号检查状态：将点火开关拨到OFF，从检查连接器上脱开专用工具。

表 1-4 输入诊断代码表

代码	系统	闪烁模式	诊断
82	转向传感器电路		不输入转向角 36° 以上的信号
83	停车开关电路		停车开关信号不变化
84	门控灯开关电路		门控灯开关信号不变化
85	节气门位置信号电路		不输入节气门位置信号
91	车速传感器电路		不输入车速 20km/h 以上的信号
92	高度控制开关电路		高度控制开关信号不变化
93	LRC 开关电路		LRC 开关信号不变化

(3) 故障诊断流程

对故障车可按照故障征兆进行检查，如表 1-5 所示为凌志 400 故障征兆表，检查时可按照表中的顺序进行。

下面以故障代码 11、12、13、14 的诊断为例介绍故障诊断流程，其他故障代码的诊断可参照维修手册或相关资料的内容。

① 故障代码含义

11、12、13、14 表示高度控制传感器电路开路或短路，其中：
- 11 表示右前高度控制传感器电路故障；
- 12 表示左前高度控制传感器电路故障；
- 13 表示右后高度控制传感器电路故障；
- 14 表示左后高度控制传感器电路故障。

如果 ECU 的存储器中存入诊断代码 11、12、13、14 后，在高度控制传感器向 ECU 输入正常信号之前不执行汽车高度控制、减振器控制和弹簧刚度控制。但是，当将点火开关转到 OFF 后再转到 ON，控制功能又会重新恢复。

② 故障的诊断流程

悬架系统传感器部分的电路图如图 1-51 所示，故障诊断流程如图 1-52 所示。

注意：

注意：
- 当显示故障代码 11、12、13 或 14 时，从诊断流程步骤 1 开始进行检查；当不显示故障代码 11、12、13 或 14 时，从诊断流程步骤 3 开始进行检查；
- 当显示故障代码 11 时，检查右前高度控制传感器电路；

表1-5 凌志400悬架系统的故障征兆表

可疑部位 / 征兆	高度控制传感器电路	悬架控制执行器电路	高度控制阀（排气阀）电路	1号高度控制继电器电路	压缩机马达电路	高度控制ON/OFF开关电路	悬架控制执行器电源电路	汽车高度控制电源电路（发动机电路）	IC调节器电路	LRC开关电路	高度控制开关电路	停车灯开关电路	转向传感器电路	节气门位置信号电路	车速传感器电路	门控灯开关电路	T_c端子电路	T_s端子电路	高度控制传感器连接杆	空气泄漏	气压缸/减振器	悬架ECU
不管怎样操作LRC开关, LRC指示灯的状态不变										1												2
减振力和弹簧刚度控制一点也不起作用	1							6		4								3			5	7
只有防侧倾控制不起作用													1									2
只有防下坐控制不起作用														1			2					3
只有防栽头控制不起作用												1										2
只有高车速控制不起作用	4								3		1				2							5
高度控制指示灯的亮灯动作不随高度控制开关变化	5					4			2		3				1							6
汽车高度控制功能不起作用	2		1												1							
只有高车速控制不起作用																						3
汽车高度出现不规则变动																			1			
车高度不均匀																			2			
汽车高度控制高或低（汽车在NORMAL状态时, 高度与标准值不符）	1					1													1			2
当调整汽车高度时, 汽车高度非常高或非常低								2									1					3
即使在"OFF"位置时, 汽车高度控制仍起作用																	1			1	2	
点火开关OFF控制不起作用																1				1		2
即使在车门开启时点火开关OFF控制仍起作用																						
汽车驻车时高度非常低																						
压缩机马达控制非正常运转				2	3																	4

任务五 悬架系统的拆装与故障诊断

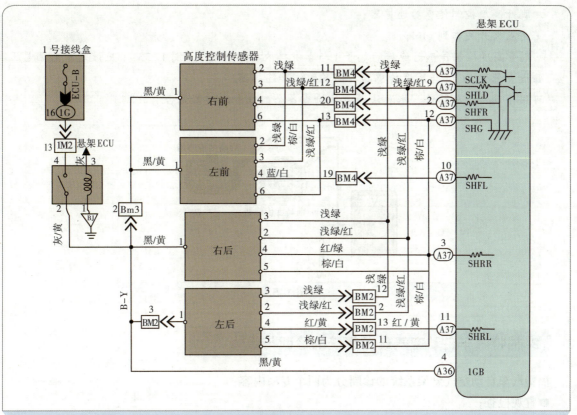

图 1-51

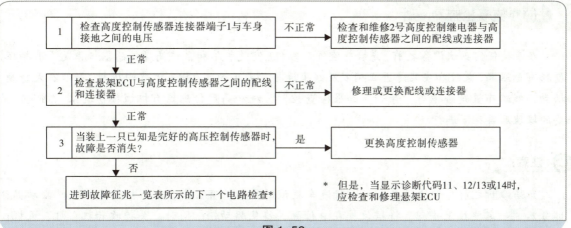

图 1-52

- 当显示故障代码 12 时，检查左前高度控制传感器电路；
- 当显示故障代码 13 时，检查右后高度控制传感器电路；
- 当显示故障代码 14 时，检查左后高度控制传感器电路。

具体每一步的检查过程如下所述。

- 检查高度控制传感器连接器端子 1 和车身接地之间的电压。

具体步骤为：

- 拆下前轮胎（对于后高度控制传感器，应拆下行李箱装潢前盖）；

49

- 脱开高度控制传感器连接器;
- 将点火开关转到 ON;
- 测量高度控制传感器连接器端子 1 与车身接地之间的电压(图 1-53),应该是蓄电池电压。
● 检查悬架 ECU 与高度传感器之间的配线和连接器。
可用振动法、加热法、水淋法等方法检查各个配线和连接器是否有故障。

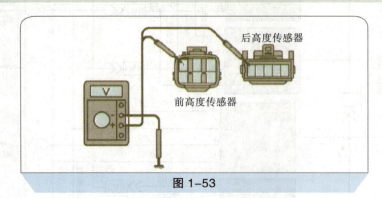

图 1-53

2. 福特汽车自动空气悬架系统的诊断与维修

福特汽车自动空气悬架系统的诊断分为两个专项内容:
● 直观检查;
● 诊断步骤。

(1) 直观检查

在连接任何测试设备之前,先检查空气压缩机、空气管路和系统高度传感器杆系是否有损坏,包括有无泄漏、裂纹和安装是否正确以及线束连接是否正确,芯脚有无弯曲折断,引线有无锈蚀、松动,线路布置是否适当,等等。如果检查控制系统和高度传感器有机械损伤迹象,则先做必要的修理后再往下进行。

注意:

开始诊断之前,先执行起动和运行汽车测试所需的所有安全步骤。执行完测试的驱动循环部分后,一定要拉上手刹,将挡位挂在 P 位置,垫住驱动轮。同时,关掉收音机、灯、风机、空调和其他电气附件。

(2) 诊断步骤

诊断包括以下内容,诊断时应按此顺序进行。
● 驱动循环诊断:检查汽车被驱动时是否出现故障;
● 维修间诊断:检查整个系统在汽车静止时是否有故障;
● 弹簧充气诊断:检查四个空气弹簧的充气、排气功能。

上述三个诊断程序均需使用 Rotunda STAR 测试仪（007-00004）或 Rotunda SUPERSTARII 测试仪（007—00041），如图 1-54 所示。

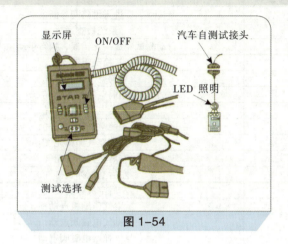

图 1-54

> **注意:**
>
> 控制模块内存中最多可以存放 32 个故障码，在点火开关转到 OFF 位置后，故障码最多可以保留 1 小时。在此期间，点火开关必须处于 OFF 位置，行李舱内的空气悬架开关必须处于 ON 位置，否则故障代码就会被清除。

① 驱动循环诊断

驱动循环诊断显示汽车上次驱动后发生的故障码。该测试主要用于测试车速输入和检测间歇性故障，这些问题在维修诊断时可能无法发现。

一个故障可能会引起几个故障码，诊断中显示的每个故障码都有相应的定点测试。这些测试都标有诊断优先级，第一级最高，第七级最低，要从最高诊断优先级开始执行定点测试。定点测试的具体内容可参见相应的汽车维修手册的详细介绍。

进行驱动循环诊断的步骤如下。

● 以 24km/h 以上车速驱动汽车至少 4 分钟，然后将点火开关转到"OFF"位置。
● 打开行李舱盖，确认空气悬架"ON/OFF"开关在"ON"位置。
● 松开"STAR"测试按钮使它处于"HOLD"位置。
● 将"STAR"测试仪连接到空气悬架诊断插口上，然后将"STAR"测试仪转到"ON"位置。至少等待 5s 后，按下"STAR"测试按钮，使它处于压下的"TEST"位置。

在 20s 内，"STAR"测试仪应该持续显示下列代码之一。

· 15：驱动循环诊断完成，无故障。断开"STAR"测试仪，退出驱动循环诊断。
· 40 到 71：驱动循环诊断完成，而且系统内发现故障。记录系统所有的故障，然后运行维修间诊断。
· 所有其他代码：根据维修手册中的有关内容进行相应的定点测试。

驱动汽车进行测试，直到悬架控制警告灯点亮或技师觉得无故障出现。完成驱动循环诊断后，要执行维修间诊断。

系统的故障代码及其说明见表 1-6 所示。

表1-6 系统的故障代码

"STAR"代码	定点测试步骤	说明	维护优先级
10		进入维修间诊断	
11		系统检查通过	
12		自动测试完成—无错误，执行手动输入	
15		检测无错误	
21		右前空气弹簧排气	
22		左前空气弹簧排气	
23		右后空气弹簧排气	
24		右前空气弹簧充气	
25		左前空气弹簧充气	
26		右后空气弹簧充气	
27		左后空气弹簧排气	
28		左后空气弹簧充气	
31		空气压缩机点动	
32		排气电磁阀点动	
33		空气弹簧电磁阀点动	
34		减振器执行器点动（硬/软）	
35		车门打开和车门关闭检测	
40	EA	短路—左前空气弹簧电磁阀电路	第二级
41	EB	短路—右前空气弹簧电磁阀电路	第二级
42	EC	短路—左后空气弹簧电磁阀电路	第二级
43	ED	短路—右后空气弹簧电磁阀电路	第二级
44	EE	短路—排气电磁阀电路	第二级
45	EF	短路—空气压缩机继电器电路	第二级
46	EG	短路—高度传感器电源电路	第二级
47	EH	软减振执行器继电器电路短路	第二级
48	EI	硬减振执行器继电器电路短路	第二级
49	HA	无法检测汽车右前角降低	第五级
50	HB	无法检测汽车左前角降低	第五级
51	HC	无法检测汽车右后角降低	第五级
51		无法检测汽车后部降低	第五级
52	IA	无法检测汽车后部降低	第六级
53	IB	无法检测汽车左前角升高	第六级
54	IC	无法检测汽车右前角升高	第六级
54		无法检测汽车后部升高	第六级
55	JA	检测不到高于24km/h的车速	第七级
56	GA	检测不到软减振—左后减振器执行器电路	第四级
57	GB	检测不到软减振—右前减振器执行器电路	第四级
58	GC	检测不到软减振—左前减振器执行器电路	第四级
59	GD	检测不到软减振—右后减振器执行器电路	第四级
60	GA	检测不到硬减振—左后减振器执行器电路	第四级
61	GB	检测不到硬减振—右前减振器执行器电路	第四级
62	GC	检测不到硬减振—左前减振器执行器电路	第四级
63	GD	检测不到硬减振—右后减振器执行器电路	第四级
64	GE	检测不到软减振—所有减振器执行器电路	第四级
65	GE	检测不到硬减振—所有减振器执行器电路	第四级
66	EJ	短路—右前高度传感器电路	第二级
67	EK	短路—左前高度传感器电路	第二级
68	EL	短路—后部高度传感器电路	第二级
69	FA	断路—右前高度传感器电路	第二级
70	FB	断路—左前高度传感器电路	第三级

(续)

"STAR"代码	定点测试步骤	说明	维护优先级
71	FC	断路—后部高度传感器电路	第三级
72	FC	检测不到至少四个车门开/关状态信号	第七级
73	JC	检测不到制动压力开关工作状态	第七级
74	JD	没有检测到方向盘转角	第七级
75	JE	没有检测到加速信号	第七级
78	HD	无法检测汽车左后角降低	第五级
79	ID	无法检测汽车左后角升高	第六级
80	DA	蓄电池电量不足无法进行诊断	第一级

② 维修间诊断

维修间诊断有三部分内容：
- 自动/手动诊断检查；
- 故障码显示；
- 功能测试。

自动/手动诊断——该测试让空气悬架控制模块进行自检以及检查各部件的操作。执行完这些测试后，"STAR"测试仪会显示"12/OK 开始手动检查"或"13/有故障，开始手动检查"。此时应执行手动输入检查。

故障码显示——这里可以用"STAR"测试仪显示故障码。每个检测到的故障码将显示15s。故障码将一直显示到不再需要时为止。此时应记下故障码。

功能测试——驱动循环诊断期间记录的故障码应与维修间诊断期间记录的故障码进行比较。两个测试中都出现的故障码是硬故障。只在驱动循环诊断中出现的故障码是间歇性故障。

● 维修间诊断的步骤。

维修间诊断的测试步骤见表1-7。

表1-7 维修间诊断的步骤

测试步骤	结果 ▶	措施
为了进入/起动维修间诊断，需执行下列步骤： · 将蓄电池充电器与汽车蓄电池连接起来，并在测试过程中保持连接； · 如需要，松开"STAR"测试按钮使它处于弹起的"HOLD"位置； · 打开行李舱盖，将"STAR"测试仪连接到空气悬架诊断插口上，并且将"STAR"测试仪转到"ON"位置； · 把空气悬架"ON/OFF"开关转到"OFF"位置后再拨回"ON"位置； · 检查客厢和行李舱中的载荷，卸掉所有负荷；汽车必须处于整备重量； · 确认点火开关位于"OFF"位置并等待10s； · 不踩制动踏板，把点火开关打到"ON/RUN"（没必要起动发动机）； · 确认大灯、加热风扇、风窗刮水器……等断电； · 等待最少5s后，按下"STAR"测试按钮，使它处于压下的"TEST"位置	在20S内，"STAR"测试仪持续显示下列代码之一： "10" ▶ "21"到"28" "80" ▶ 其他	执行维修间诊断自动测试模式 根据维修手册的有关内容进行相应故障代码诊断

● 维修间诊断自动模式测试。

维修间诊断自动模式测试步骤见表1-8。

表1-8 维修间诊断自动模式测试

测试步骤	结果		措施
"STAR"测试仪正在显示代码"10"。空气悬架已经完成自检,正执行自动诊断。在进行自动检测期间("STAR"显示代码"10"时),禁止触摸或倚靠车辆。如果没有空气调平故障,测试大约需要3~4分钟。如果有空气调平故障,测试可能需要14分钟。测试结束时,"STAR"测试仪将显示代码"12"或"13"。	"STAR"测试仪显示代码: "12"	▶	自动模式未测到系统故障,转入表1-9维修间诊断的手动测试
	"13"	▶	自动模式测到系统故障,转入表1-9维修间诊断的手动测试

● 维修间诊断手动测试。

维修间诊断的手动测试步骤见表1-9。

表1-9 维修间诊断的手动测试步骤

测试步骤	结果		措施
空气悬架控制模块已经完成自动检查,正等待技师执行下列手动操作: ·打开司机侧车门,开着司机车门坐到车上; ·完全踩下加速踏板,然后松开; ·用力踩下制动踏板,然后松开; ·方向盘左右转动至少1/4圈; ·下车,关闭司机侧车门,然后逐个打开、关闭其他三个车门; ·上述步骤完成后,松开"STAR"测试按钮到"HOLD"位置。5s后,再按下"STAR"测试按钮以便保持在压下的"TEST"	"STAR"测试仪正显示以下代码之一: "11"	▶	完成维修间诊断,未发现故障,转入下一步
	"40"至"79"	▶	完成维修间诊断,发现故障。只计入至少显示两次的故障,转入下一步

● 维修间诊断检测到的系统故障。

如果"驱动循环诊断"故障列表中包括代码"55",把它加到刚刚做出的"维修间诊断"故障列表中。

"驱动循环诊断"检测出的故障在"维修间诊断"中没有重复出现的故障码将按间歇性故障处理。

为了节省修复系统故障的时间和人力,对故障码进行了分组。由于某些系统故障能够而且确实会产生其他系统故障,因此按照故障优先级顺序进行处理是十分重要的。

在驱动循环诊断或维修间诊断过程中,是否检测到系统故障时的处理办法:

·如果检测到系统故障:则参照汽车维修手册中的优先级列表,确定要采取的纠正措施。

·如果没有检测到系统故障:则点火开关转到"OFF"位,退出维修间诊断。

◎ 注意:

检测到的系统故障码将以数码顺序逐个显示。最后一个系统故障码显示完毕后,故障码列表会重复显示。只要STAR测试按钮处于"TEST"位置,故障码列表会一直滚动显示。

③ 弹簧充气诊断

有时定点测试需维修人员进行弹簧充气诊断。弹簧充气诊断允许对各弹簧分别充气、排气和进行个别检查。

● 弹簧充气诊断步骤。

弹簧充气检测的步骤见表1-10。

表1-10 弹簧充气检测的步骤

测试步骤	结果	▶	措施
为了进行弹簧充气诊断，需执行下列步骤： ·将蓄电池充电器与汽车蓄电池连接起来，并在测试过程中保持连接； ·如需要，松开"STAR"测试按钮使它处于弹起的"HOLD"位置； ·打开行李舱盖，将"STAR"测试仪连接到空气悬架诊断连接器上，并且将"STAR"测试仪转到"ON"位置； ·把空气悬架"ON/OFF"开关转到"OFF"位置后再拨回到"ON"位置； ·检查行李舱中的物品，搬走所有的物品； ·确认点火开关位于"OFF"位置并等待10s； ·用力踩下制动踏板的同时，把点火开关转到"ON/RUN"位置(没必要起动发动机)，5s后松开制动踏板； ·关闭大灯、加热风扇、风窗刮水器等； ·等待至少5s后，按下"STAR"测试按钮，使它处于压下的"TEST"位置	在20s内，"STAR"测试仪持续显示下列代码之一： "21"到"28" 其他	▶ ▶	进行弹簧充气诊断，见表1-11。 根据维修手册中的有关内容进行相应故障代码诊断

● 进入弹簧充气诊断程序。

进入弹簧充气诊断程序的步骤见表1-11。

表1-11 进入弹簧充气诊断程序的步骤

测试步骤	结果	▶	措施
已进入弹簧充气诊断。为了选择/起动所需的弹簧充气测试，在所需的故障码显示至少5s后，松开"STAR"测试按钮使它处于弹起的"HOLD"位置。只要"STAR"测试按钮处于"HOLD"位置，所选的功能便持续作用。当充气量或排气量达到要求时，按下"STAR"测试按钮使它处于压下的"TEST"位置，这将停止测试并再次开始滚动显示测试码	"STAR"测试仪显示下列代码 "21—右前空气弹簧排气" "22—左前空气弹簧排气" "23—右后空气弹簧排气" "24—右前空气弹簧充气" "25—右后空气弹簧充气" "26—右后空气弹簧充气" "27—左后空气弹簧排气" "28—左后空气弹簧充气" 要退出弹簧充气	 ▶	 点火开关转到"OFF"位置

> **注意：**
>
> 汽车任何一角的空气弹簧排气和充气的每个代码，将按大小顺序逐个显示。最大的代码显示之后，代码列表将重复显示。只要"STAR"测试按钮处于压下的"TEST"位置，这种滚动显示方式，就会持续下去。

3. 凯迪拉克汽车计算机指令行驶控制系统（CCR）的诊断与维修

CCR 系统控制模块会检测 CCR 系统的运行。当控制模块检测到错误的输入信号或错误的反馈信号后，就会在控制系统的存储器中存入故障代码，同时"SERVICE CCRSYSTEM"或"SERVICE SSS"将会显示在仪表盘上。

（1）故障代码的读取

故障代码是以 CCR 控制模块上的 LED 灯的闪烁方式被读出的。比如显示代码12时，LED 灯将先闪一次，停顿 1s，然后再闪烁两次，这两次之间停顿 0.5s。当一个故障代码读完后，LED 灯将停顿 3s，然后再显示下一个故障代码。

故障代码的读取步骤如下：

a. 将 DLC 接口的端子 C 与端子 A 连接（见图 1-55），则故障灯将会点亮 7.5s，然后开始按照故障代码的数码顺序开始闪码。

图 1-55

b. 首先闪烁代码 12，连续闪烁三次，表示开始进入自检。

c. 读码 12 闪烁三次后，其他的故障代码将会按照从小到大的顺序，依次闪烁，且每个代码都连续闪烁三次。

d. 当所有的故障代码都闪烁后，所有代码将会被重复闪烁，且仍然从代码 12 开始，直到故障诊断线路被断开或者点火开关被关闭。

> **注意：**
> 如果存储器中没有存储故障代码，读码时将连续显示代码 12。

（2）故障代码的清除

清除故障代码时，可打开点火开关，并在 30s 之内将 DLC 接口的端子 C 和端子 A 连接和断开三次，且每次连接和断开都需保持大约 1s。如果故障代码被成功清除，则 CCR 系统的控制模块将会熄灭故障灯 1s。此时如果再读取故障代码，将只能读出代码 12。

> **注意：**
> 不能用断开蓄电池或控制模块连线的方法清除故障代码。

（3）故障代码及其诊断

CCR 系统的故障代码如表 1-12 所示。

表 1-12 CCR 系统的故障代码

代码	含义
12	开始
13	左前执行器过载
14	右前执行器过载
15	左后执行器过载
16	右后执行器过载
23	左前执行器位置错误
24	右前执行器位置错误
25	左后执行器位置错误
26	右后执行器位置错误
32	水银开关加速度传感器故障
33	驾驶员选择开关输入故障
34	汽车速度信号错误

如图 1-56 为凯迪拉克 FLEETWOOD 悬架控制系统的部分电路图。下面参照此电路图，分析每一个故障代码的诊断过程。

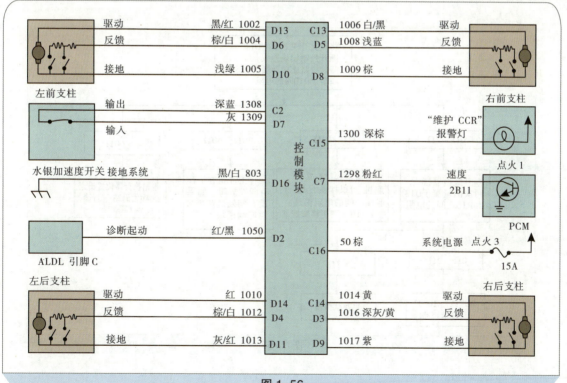

图 1-56

① 故障代码13的诊断（14、15、16的诊断与此相似）

●故障代码含义：
左前执行器过载。

●测试条件：
CCR控制模块检查执行器的工作电流。

●故障代码设置条件：
如果执行器马达的起动电流超过1.5amps，就会设置故障代码13。

根据对执行器设置的指令，执行器每隔12.5ms就通电一次，以使各个执行器的起动电流能够被检测。系统能够检测每个执行器被起动前和起动后1ms内的电流，这些电流的差值，将决定执行器起动时的电流值，即起动电流。如果一个执行器的起动电流超过1.5amps，系统就会设置故障代码13、14、15或16，出问题的执行器将不能工作，仪表盘上将显示"SERVICE CCR SYSTEM"或者是"SERVICE SSS"。但其他没有问题的执行器将会正常的工作。

●可能原因：
执行器过载的原因可能是由于潮湿、腐蚀或外部油污等物质进入减振器空腔所至。

●代码的诊断：
因为执行器发生的是过载错误，所以可以根据SERVICE CCR SYSTEM或者是SER-VICE SSS的信息，先使执行器停止工作10s，等三分钟后再测试。如果故障代码13仍然存在，则按照如图1-57所示的诊断流程进行检查。

故障代码14、15和16与代码13的诊断过程相似，在此不再详述。

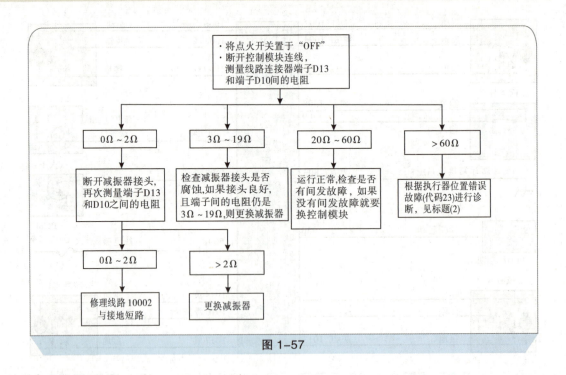

图1-57

② 故障代码 23 的诊断（24、25、26 的诊断与此相似）

●故障代码含义：
左前执行器位置错误。
●测试条件：
在执行器动作的过程中，控制模块将根据一定的反馈顺序监测执行器的位置电压。
●故障代码设置条件：
如果执行器位置反馈的顺序不对，或者执行器完成一次动作超过 6s，控制模块就会认为有故障。如果执行器位置反馈电压不对，系统就会设置故障代码。
- 当执行器被激活后的 6s 内控制模块收不到执行器的反馈信号，或者是执行器不能保持在指定的位置，就会产生执行器位置错误。而执行器位置错误又会导致执行器不能工作，控制模块设置故障代码 23、24、25 或 26 并点亮"SERVICE CCR"指示灯。但其他没有故障的执行器仍然会正常工作。
- 系统将每 3 分钟进行一次 1s 的自诊断测试，直到系统已发现的故障均已经排除为止。如果系统的自诊断测试能够顺利进行，不能工作的执行器将有可能恢复正常。
●可能原因：
- 当执行器出现过载的故障代码时，执行器位置故障就会发生。
- 在非常冷的天气下（-40℃）下，由于减振器油液的黏性降低，执行器就不能在 6s 内到达，这时也会设置故障码。
●代码的诊断：
记录执行器的位置错误后，系统就会点亮"SERVICE CCR"指示灯，使相应的执行器停止工作，3 分钟后再重新测试。故障代码 23 的诊断流程见图 1-58 所示。
故障码 24、25、26 的诊断方法与故障码 23 的诊断方法相似，具体诊断时可参考以上内容，此处不再详述。

③ 故障代码 32 的诊断

●故障代码含义：
水银开关加速度传感器故障。
●测试条件：
悬架控制模块监测水银开关加速度传感器信号是否在正常范围内。
●故障设置条件：
如果加速度传感器的信号电压太高或太低，控制模块就会设置故障码 32。
当加速度传感器信号线路对"+B"端子或对地短路时，或者是线路断路时，就会发生水银开关加速度传感器的故障。当控制模块检测到加速度传感器输入电压正常时，加速度传感器又恢复正常工作。
●故障代码的诊断：
当水银开关加速度传感器有故障时，控制模块就会点亮"SERVICE CCR"指示灯，并使加速度传感器的输入信号不起作用，直到再次检测到正确的加速度传感器信号电压为止。代码 32 的诊断流程如图 1-59 所示。

④ 故障代码 34 的诊断

●故障代码含义：
汽车速度信号故障。

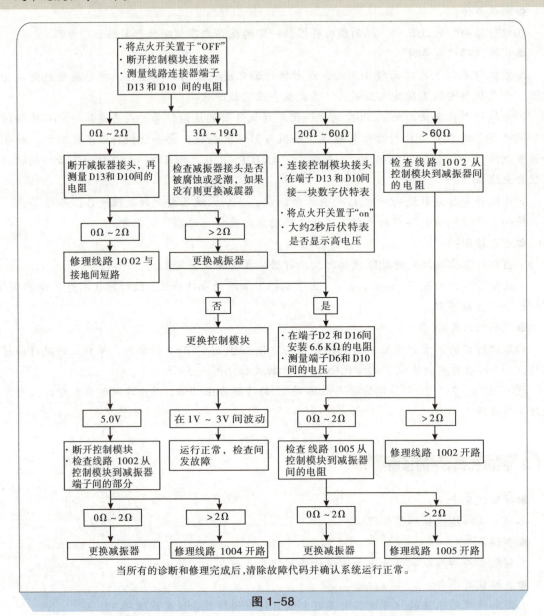

图 1-58

●检测条件：
当汽车运行时，控制模块总是在检查汽车的速度信号。
●故障设置条件：
如果在 20s 或更长的时间内控制模块检测不到车速信号，而此后加速度传感器信号又有 5 次或更多的变化，控制模块就会设置故障码 34。

●故障的诊断：

当速度信号发生错误时，控制模块会点亮"SERVICE CCR"指示灯。此时的悬架系统会采用静止时的硬阻尼状态（稳固状态）。故障代码34的诊断流程见图1-60所示。

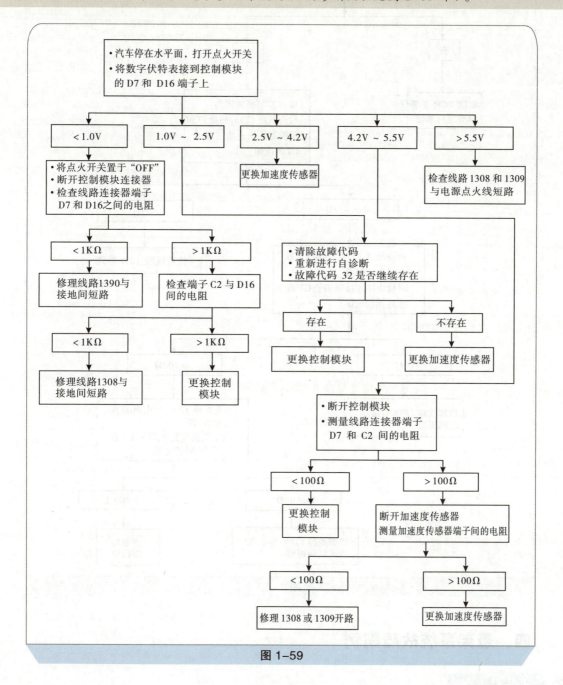

图1-59

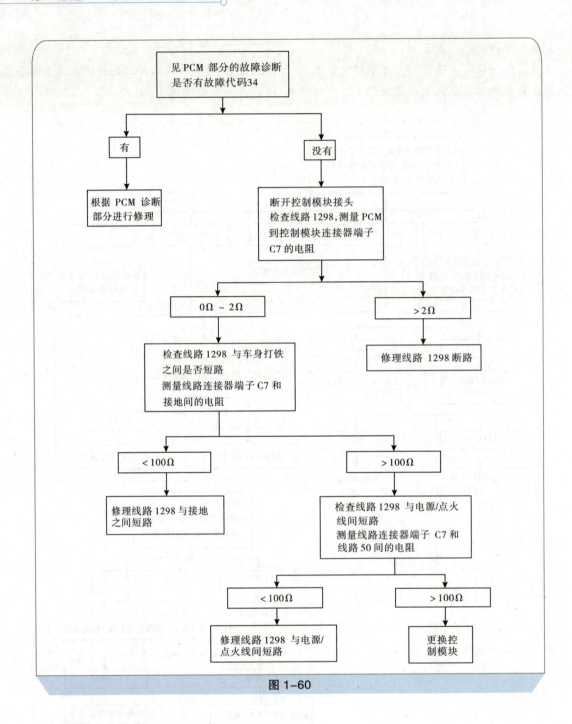

图 1-60

四、悬架系统故障案例

1. 案例一

（1）故障现象

一辆 2014 款的捷豹轿车，悬架不起作用。

(2）分析故障原因

根据故障现象，一般由以下几个故障引起：
a. 减振问题；
b. 空气压缩机泵问题；
c. 管路问题；
d. 高度传感器问题；
e. 电路问题；
f. 高度传感器模块问题。

观察四轮减振器，减振器内有空气，周围也没明显的漏油漏气痕迹，减振器故障可以排除，气管路也正常，压缩机不能排除，因为压缩机压力达不到也会影响减振升降。检查空气泵，高度传感器和电路模块，连接解码器读取四轮高度传感器数据流，分析数据流，判断是否是高度传感器故障引起的悬架不起作用，把四个高度传感器插头拔掉，每个高度传感器从电脑过来的插头有三个针脚，分别是：1号针脚电源线12V，4号针脚信号线5V，5号针脚地线。用万用表分别测量左前高度传感器和右后高度传感器电压正常，右前和右后高度传感器没有信号5V电压，查阅维修资料，可能原因是模块到高度传感器的线路短路或断路所引起的故障或者是模块损坏故障，查阅维修手册，测量模块到高度传感器线路的通断，电路正常，用万用表查找控制高度传感器模块针脚，发现控制各个高度传感器的针脚电量都正常。

（3）故障排除方法

查看左右高度传感器，安装位置不同，但针脚一样，于是倒换了左右高度传感器，由于不能安装，用手调节高度传感器的位置，电脑读取故障码：左前和右后高度传感器报故障断路或短路，测量倒换之后的模块到高度传感器电压，右前和左后正常，左前和右后没电压，现在可以断定高度传感器出现了问题。更换高度传感器，试车故障排除。

（4）维修总结

模块测量的电压正常，线路无短路或断路，连接高度传感器之后模块到高度传感器没电压，反复测量模块电压都正常。针对这个问题，经过反复的思考和测量，得出一个结论：当高度传感器出现问题时，模块的自我保护功能开启，阻止电流进入有问题的高度传感器。当测量模块电压时候，万用表的通断性把模块中的保护模式激活，所以测量的模块输出电压都正常，而当连接有故障的高度传感器的时候，模块再次起保护作用，阻止供电，从而导致悬挂系统出现故障。

2. 案例二

（1）故障现象

一辆奔驰220空气悬挂出现故障，右前轮到底，打方向困难，仪表底盘升降车符号已经是红色标志，车身倾斜严重。其他的ABS，BAS等和底盘有关的提示灯全部亮起，严重影响行驶安全。

(2) 故障分析

故障可能原因是高度传感器问题、电路问题、高度传感器模块问题、空气减振器本身已损坏，使用电脑检测底盘悬挂控制高度超出临界。

(3) 故障排除方法

拆下到底的空气减振器，发现已经不能储存气体，空气充气泵已经长时间工作损坏。更换损坏的配件，装车。查阅维修手册，使用电脑设定匹配数据，进悬挂控制单元编码，水平设定，重新设定车身高度，输入前后倾角数据，保存，电脑显示水平设定成功，试车检查故障是否排除，如车辆行驶正常，说明故障已排除。

3. 案例三

(1) 故障现象

一辆行驶里程约2.6万千米，2014款凯迪拉克CTS轿车。用户反映：该车在正常行驶过程中，仪表盘上的信息中心有时会出现"维修悬挂系统"的提示，但车辆行驶并无异常。

(2) 故障诊断

接车后，反复对车辆进行路试，故障现象出现，说明该故障为偶发故障。连接GDS，读取故障代码，发现电动转向控制模块中存储了1个历史故障代码"U0415 00"，其含义为从电子制动控制模块接收到的数据无效。

查阅维修资料对电动转向控制模块进行编程，然后清除故障代码，对车辆进行路试，车辆在路口转向时，仪表盘上的信息中心再次提示"维修悬挂系统"。

然后使用GDS读取故障代码，无故障代码存储，但该车悬架控制模块的状态却显示为"DTC请求响应无效"。既然仪表盘上的信息中心提示"维修悬挂系统"，为何悬架控制模块却无通信？查找该车的常规选装件（RPO）代码表，此车配有"F55"，说明此车确实配备了悬架控制模块。通常造成悬架控制模块无通信的原因是悬架控制模块及其供电、搭铁和通信线有故障。然而悬架控制模块是通过高速网络与其他控制模块进行通信的，如果是上述原因导致的无通信故障，其他模块中必将记录与悬架控制模块失去通信的故障代码。

为了确定悬架控制模块软件是否存在问题，再次登陆编程页面，进入模块编程，选择悬架控制模块，查看软件号信息，发现有软件信息需要更新。立即对悬架控制模块的软件进行更新后，清除故障代码试车，GDS依旧无法与悬架控制模块进行通信。既然能够对悬架控制模块进行编程，说明悬架控制模块是正常的。

对照悬架控制系统相关电路，仔细梳理整个维修流程。

接通点火开关，起动车辆，等待系统自检完毕，此时仪表盘上的信息中心并未显示"维修悬挂系统"信息，说明此时故障并未出现。将车辆举升，逐一对相关线束采取晃动拉拽的办法，模拟故障发生时的情况，当拽动左前碰撞吸能执行器的线束时，仪表盘上出现"维修悬挂系统"的提示，说明故障点就在此线束上。拆检线束，发现线束在左前减振器线束固定卡子处虚接。

（3）故障排除方法

对线束进行处理后反复试车，故障未再出现。

（4）维修总结

合理分析确认测量步骤和方法，遵循由简到繁的故障诊断原则就能顺利排除故障。

4. 案例四

（1）故障现象

一辆行驶里程约9万千米的路虎发现3。该车在行驶30km/h以上时，仪表出现悬架故障灯、制动系统故障灯、动态稳定系统故障灯同时亮，底盘升降系统同时也不起作用的现象。

（2）故障诊断

先用诊断仪连接车辆，读取车辆故障码。根据读取结果来看，只存储了一个动态稳定系统的故障，而其他两个系统均未存储故障。于是先用诊断仪清除所有故障后试车，故障依旧。再次读取故障码，依然是这个故障码。

（3）故障排除方法

查阅维修手册，首先考虑到电子方面、转向角度传感器和ABS及传感器，由易到难先从ABS传感器入手检查，以往经验如果ABS传感器有铁屑或过脏可能会影响信号传输，从而引起电脑记录故障码，检查四轮ABS传感器，经过对四轮ABS传感器上的尘土清洁后又通过诊断仪读取四轮ABS信号的具体数据，发现每个信号之间相差不到2km，在正常范围之内，于是这就排除ABS信号故障这一个可能。再次分析故障代码，怀疑是转向角度传感器，有故障或者线路有问题，检查传感器线路发现线路正常，并用电脑检测转向角传感器数据也在正常范围之内，此时与车主沟通，车主说左前部曾出过事故，在其他维修厂更换过左前下肢臂、拉杆、方向机和减振等，并做过四轮定位，定位后由于方向盘不正，定位的维修师傅调整过方向盘。通过与车主的沟通给维修带来了一点思路，是不是方向盘调整过后导致转向信号错误呢？于是检查了方向盘的角度情况，打开后根据调整情况重新做了调整并做了四轮定位，再次出去试车，一切正常，故障排除。

车辆在出事故维修时没有经过合格的维修过程，在做定位后由于方向盘位置不正，只对方向盘进行调整，并不是根据四轮定位数据来维修来操作。由于这款车配备了转向角度传感器，在单独调整了方向盘后，没有对传感器进行编程复位，导致角度发生变化，使车辆一直接收到车辆转弯的信号，ABS就一直处于工作状态，接收到的信号与实际信号长时间不一致，从而使稳定系统和制动系统以及底盘升降系统同时点亮故障灯。

（4）故障总结

在维修车辆的工作中一定要按照正规的操作流程来作业，不能盲目地去操作，否则就像上述那些违规操作的人员，给后期工作带来了不必要的麻烦。另外我们在处理未遇到的故障时应该沉着冷静，多与客户沟通，以对车有更多的了解，并能有效的排除故障。

思考与练习

一、填空题

1. 悬架一般由 _____ 、_____ 和 _____ 等三部分组成。
2. 钢板弹簧的第一片是（最长的一片）称为 _____ ，两端弯成卷耳，包在第一片卷耳的外面，称为 _____ 。
3. 汽车悬架可分为 _____ 和 _____ 两大类。
4. 轮辋的常见形式有 _____ 、_____ 和 _____ 。
5. 合金轮毂具有 _____ 、_____ 、_____ 三大特性。
6. 轮胎通常由 _____ 、_____ 、_____ 组成。
7. 独立悬架按车轮的运动形式分成 _____ 、_____ 和 _____ 等三类。
8. 横向稳定器的作用是 _____ 。
9. 减振器装在 _____ 与 _____ 之间。

二、判断题

1. 一般载货汽车的悬架未设导向装置。（ ）
2. 当悬架刚度一定时，簧载质量越大，则悬架的垂直变形越大，固定频率越高。（ ）
3. 在悬架所受的垂直载荷一定时，悬架刚度越小，则悬架的垂直变形越小，汽车的固有频率越低。（ ）
4. 扭杆弹簧本身的扭转刚度是可变的，所以采用扭杆弹簧的悬架的刚度也是可变的。（ ）
5. 减振器与弹性元件是串联安装的。（ ）
6. 减振器在汽车行驶中变热是不正常的。（ ）
7. 减振器在伸张行程时，阻力应尽可能小，以充分发挥弹性元件的缓冲作用。（ ）
8. 断开式车桥与非独立悬架配用。（ ）
9. 麦弗逊式悬架属于无主销式独立悬架。（ ）

三、选择题

1. 下面（ ）本身的刚度是可变的。
   A. 钢板弹簧   B. 油气弹簧   C. 扭杆弹簧   D. 气体弹簧
2. 安装（ ）可使悬架的刚度成为可变的。
   A. 渐变刚度的钢板弹簧   B. 等螺距的螺旋弹簧
   C. 变螺距的螺旋弹簧   D. 扭杆弹簧
3. 下列（ ）悬架是车轮沿主销轴线上下移动的悬架。
   A. 双横臂式   B. 双纵臂式   C. 烛式   D. 麦弗逊
4. （ ）悬架是车轮沿摆动的主销轴线上下移动的悬架。
   A. 双横臂式   B. 双纵臂式   C. 烛式   D. 麦弗逊
5. 轿车通常采用（ ）悬架。
   A. 独立   B. 非独立   C. 平衡   D. 非平衡

6. 独立悬架与（ ）车桥配合。
A. 断开式　　　　B. 整体式　　　　C. A，B均可　　D. A，B均不可
7. 汽车减振器广泛采用的是（ ）。
A. 单向作用筒式　B. 双向作用筒式　C. 摆臂式　　　　D. 阻力可调式
8. 以下弹簧中，哪一个带有减振功能（ ）。
A. 螺旋弹簧　　　B. 扭杆弹簧　　　C. 钢板弹簧　　　D. 空气弹簧

课题二

汽车转向系统

[学习任务]

1. 了解汽车转向系统的作用及组成。
2. 掌握齿轮齿条式转向器的组成及优点。
3. 掌握转向传动机构的类型及组成。
4. 掌握助力转向系统的作用及类型。
5. 掌握电动式助力转向系统的优点及组成。

[技能要求]

1. 学会维护转向系统的各个部件。
2. 掌握转向系统的工作原理。
3. 学会转向系统的拆装。
4. 学会转向系统常见故障的检修。

任务一　转向系统的作用、类型和基本参数

一、转向系统的作用与类型

1. 转向系统的作用

汽车在行驶时会遇到各种情况，有时需要沿直线行驶，有时需要改变车道或转弯，所以，汽车上需要一套系统来改变或保持汽车的行驶方向，这套系统就是转向系统。转向系统的作用就是改变和保持汽车的行驶方向。

2. 转向系统的组成部分

转向系统可按转向动力源的不同分为机械转向系统和动力转向系统两大类。机械转向系统以驾驶员的体力作为转向动力源，其中所有传力件都是机械的。它由转向操纵机构、转向器和转向传动机构三大部分组成，其一般布置情况如图 2-1 所示。动力转向系统又可分为液压式、气压式和电动式。

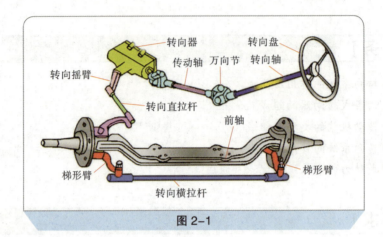

图 2-1

3. 转向系统的类型

如图 2-2 所示，尽管现代汽车转向系统的结构形式多种多样，但都包括转向操纵机构、转向器和转向传动机构三个基本组成部分。

机械式转向系统以驾驶人的体力作为转向动力源。汽车转向时，驾驶人作用于转向盘上的力，经过转向轴（转向柱）传到转向器，转向器将转向力放大后，又通过转向传动机构的传递，推动转向轮偏转，致使汽车行驶方向改变。如图 2-3 所示。

汽车的转向，完全由驾驶人的操纵力来实现，操纵较费力，劳动强度较大，但它具有结构简单、工作可靠、路感性好、维护方便等优点，多应用于中小型货车或农用车上。

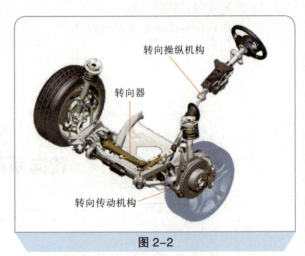

图 2-2

液压式动力转向系统是在机械式转向系统的基础上，增加了转向控制阀、转向泵、转向动力缸等一套液压助力装置。如图 2-4 所示。

当汽车转向时，由发动机驱动的动力转向泵产生高压油，高压油在控制阀的作用下，进入动力缸推动转向轮偏转，此时，作用在转向盘的作用力就很小，从而减轻了驾驶人的劳动强度。

液压式动力转向系统操纵轻便、灵活省力，维护简单。目前，广泛应用于高速轿车和重型货车上。

任务一 转向系统的作用、类型和基本参数

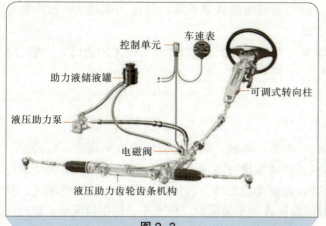

图 2-3

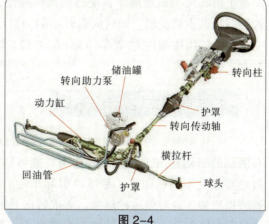

图 2-4

电动式动力转向系统是在机械式转向系统的基础上,增加了电控单元、电源、电动机、转向传感器,如图 2-5 所示。

当汽车转向时,电控单元根据传感器检测的转向力矩及转向速度等参数,计算出最佳作用力后,使电动机工作,推动转向,减轻驾驶人的劳动强度。

电动式动力转向系统具有节能、无需油压管路系统、并不直接消耗发动机功率、环保优势强、安装自由度大等优点,但电能动力不如液压动力大,目前,只用于前轴负荷较小的轿车上。

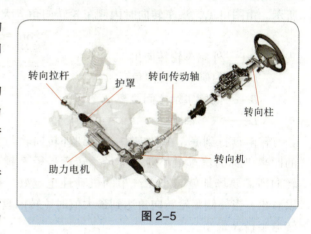

图 2-5

二、对转向系统的要求

a. 要求工作可靠,操纵轻便。
b. 转向机构还应能减小地面传到转向盘上的冲击,并保持适当的"路感"。
c. 当汽车发生碰撞时,转向装置应能减轻或避免对驾驶员的伤害。
d. 瞬时转向中心。
e. 刚度,精确转向。
f. 自动回位,直线形式。

三、转向系统的参数

1. 转向系统角传动比

转向盘的转角与安装在转向盘同侧的转向轮偏转角的比值,称为转向系统角传动比,用 i_W 表示。而转向盘转角和转向摇臂摆角之比 i_1 称为转向器角传动比。转向摇臂摆角与同侧转向轮偏转角之比 i_2 称为转向传动机构角传动比。显然 $i_W = i_1 \times i_2$。i_W 越大,则克服一定的地面转向阻力所需的转

向盘上的转向力矩便越小,使转向操纵轻便,但操纵灵敏度就会下降。但 i_W 不能过大,过大将导致转向操纵不够灵敏,即转向盘转动的圈数增加。

转向器角传动比 i_W 货车约为 16～32,轿车约为 12～22。转向传动机构角传动比 i_2 一般为 1 左右。

2. 转向时车轮运动规律

汽车转向时,内侧车轮和外侧车轮滚过的距离是不等的。对于前置后驱汽车而言,后桥左、右两侧的驱动轮由于差速器的作用,能够以不同的转速滚过不同的距离。但前桥左、右两侧的转向轮要滚过不同的距离,必然要引起车轮沿路面边滚动边滑动,致使转向时的行驶阻力增大,轮胎磨损增加。为避免这种现象,要求转向系统能保证在汽车转向时,所有车轮均作纯滚动。显然,这只有在转向时,所有车轮的轴线都交于一点方能实现。此交点 O 称为汽车的转向中心,如图 2-6 所示。由图可见,汽车转向时内侧车轮转向角 β 大于外侧车轮转向角。α 与 β 的关系是:

$$\cot\alpha = \cot\beta + B/L$$

式中:α——外侧车轮转向角;
β——内侧车轮转向角;
B——两侧主销之间距离;
L——汽车轴距。

转向盘打到底,由转向中心 O 到外转向轮与地面接触点的距离 R 称为汽车最小转弯半径。转弯半径 R 越小,则汽车转向所需要场地就越小,汽车的机动性也越好。从图 2-6 可以看出,当外侧车轮转向角达到最大值时(转向盘打到底),转弯半径 R 最小。

汽车内侧车轮转向角一般在 35°～42°之间,汽车的最小转弯半径一般约为 5～12m。

汽车的转向操纵性能并不完全取决于转向系统,它还与行驶系统有关。汽车在直线行驶中,转向轮会受到偶然出现的地面侧向反力而发生意外偏转,从而使汽车意外地转向。为了使汽车能稳定地保持直线行驶,要求转向轮偶然发生偏转后,能立即自动回复到直线行驶的位置。前面所讲的转向车轮定位即是保证转向轮自动回正性能的结构措施之一。此外,悬架导向装置的结构和布置以及轮胎的径向和侧向刚度都对汽车的转向操纵性有很大影响。

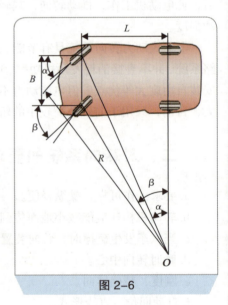

图 2-6

3. 转向盘自由行程

转向盘在空转阶段的角行程称为转向盘的自由行程,这主要是由于转向系统各传动件之间的装配间隙和弹性变形所引起的,一般要求小于 10°或 10～15mm。

具体检查方法:使汽车前轮处于直线行驶状态,用指尖向左、向右侧轻轻推动转向盘,在转向盘外圆周上测量手感变重时(即轮胎开始转动)的自由行程。如该值在规定值之内,说明状况正常。否则需要调整,不同的转向器,调整的方法也不同。

任务二　转向操纵机构

一、转向操纵机构的作用

转向操纵机构的作用是产生转动转向器所必需的操纵力,并具有一定的调节性和安全性。

转向操纵机构要将驾驶人操纵转向盘的力传给转向器,同时为了驾驶人的舒适驾驶,还要求转向操纵机构可以进行调节,以满足不同驾驶人的需求;为了防止车辆撞击后对驾驶人的损伤,还要求转向操纵机构具有一定的安全保护装置。

二、转向操纵机构的组成

转向操纵机构一般由转向盘、转向轴、转向管柱、万向节和转向传动轴组成,如图 2-7 所示。

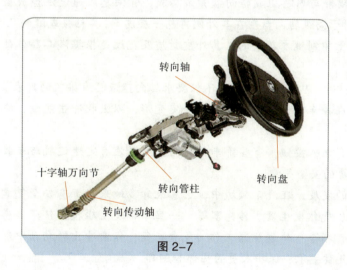

图 2-7

1. 转向盘

（1）转向盘的组成

转向盘由轮圈、轮辐和轮毂组成,如图 2-8 所示。

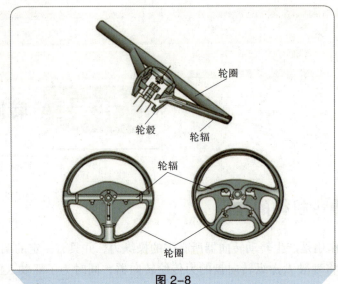

图 2-8

　　转向盘的轮毂、轮辋及辐条内部通常由钢、铝合金、镁合金或碳纤维制造内芯。轮辐有 1～4 根。采用一根辐条时有利于观察仪表。为保证转向盘有足够的刚性，必须采用增强材料，即内芯。轮辐应有足够大的面积，以利于驾驶员的身体与转向盘冲撞接触时，能降低它们之间产生的碰撞力。但轮辐过多的转向盘，虽然有足够的强度和刚度，但不利于驾驶员清楚地观察仪表。

　　转向盘的轮毂部分设计有内花键，用来与转向轴上的花键配合并固定。

　　轮毂、轮辋、辐条与内芯组成转向盘骨架总成，骨架总成通过注塑成型或发泡成型等工艺组成转向盘本体，对于高级转向盘则在其外侧再包一层皮革，其粘接或缝制几乎全部为手工操作。也有在转向盘本体上印制桃木花纹的。其外皮材质及花纹是根据汽车整体的协调性、创新和机能决定的。

　　当汽车发生碰撞时，从安全性考虑，不仅要求转向盘应具有柔软的外表皮，起到缓冲作用，而且还要求转向盘在撞车时，其骨架能产生一定变形，以吸收冲击能量，减轻驾驶员受到伤害的程度。

　　转向盘上都装有喇叭按钮，有些轿车的转向盘上还装有定速巡航与车载娱乐系统控制开关和撞车时保护驾驶员的安全气囊。

　　随着汽车工业的发展，在汽车领域中，已愈来愈多地采用带有安全气囊系统的转向盘，其主要构成有：气囊、气体发生器、传感器等。一旦车辆发生碰撞，传感器感受到信息，控制单元比较、判断信息，指令气体发生器工作为气囊充气，气囊冲出转向盘中部的易碎盖板并完成充气，充满气体的气囊支承、保护人员的头部和胸部。

　　转向盘也称方向盘，内部是成形的金属骨架，通过带锥度的细花键将转向盘毂与转向轴相连，端部通过螺母轴向压紧固定。金属骨架外面一般包有柔软的合成橡胶或树脂，也有皮包革以具有良好的手感，并防止手心出汗时转向盘打滑。

　　现代汽车使用的转向盘具有以下特点：

　　a. 造型科学化；

　　b. 多层柔软化；

　　c. 功能多样化；

　　d. 尺寸小型化。

（2）转向盘的工艺要求

因为驾驶员经常紧握转向盘，并不停地转动，所以要求选择耐磨性能良好的材料制造转向盘。

在车祸中汽车发生火灾会危及乘员的生命安全时，为减轻对乘员的伤害，包括转向盘在内的驾驶室内饰件均应选用阻燃材料制作。评价其燃烧性能的相关标准有 FMVSS 302、JISD 1201 等。

转向盘的反光是使驾驶员炫目的原因之一，还会妨碍安全驾驶。国外制定的防炫目性有关标准有 FMVSS 107、ADR 12。

驾驶员每时每刻都紧握着转向盘的轮缘，所以要求其形状、尺寸等符合人机工程要求，长时间使用不应感到疲劳。

铁内芯通过弧焊、阻力焊接、铆接等方式与各构成零件相连接。随着汽车工业的发展这一工艺已经接近被淘汰，取而代之的是通过压铸成型的方法连接轮毂、轮辋与辐条，内芯也改成为压铸成型。采用铝镁合金材料通过压铸成型方法，不仅简化了转向盘的制造工艺，更为重要的是满足了产品轻量化要求。

（3）操作注意事项

a. 转动转向盘时要多打多回、少打少回，回转转向盘时速度要快，要准确回到位。
b. 转向盘快要转动到底时不可用力过猛，否则易损坏机件。
c. 在山区危险地段或不良路面行车时，应双手握紧转向盘以防意外。
d. 尽量避免车辆在静止状态下转动转向盘。

2. 转向柱

为了保证驾驶人的安全，同时也为了更加舒适、可靠地操纵转向系统，现代汽车（特别是轿车）通常在转向操纵机构上增设相应的安全、调节装置。这些装置主要反映在转向轴和转向管柱的结构上。为了叙述方便，将转向轴和转向管柱统称为转向柱。转向柱的作用是将转向盘的操纵力传给转向器的传力轴。转向柱上还安装有各种操纵开关，如组合开关、转向灯开关，有的还装有变速杆等。

汽车的转向柱具有三个特点：吸收冲击能量；倾斜角度可调节；轴向位置可调节。

（1）转向柱的结构

汽车转向管柱上接方向盘，下接转向机，起着承上启下的作用，在正常使用中承担着把方向盘传来的转矩传到转向机的任务，另外管柱上还附带了常用的组合开关等电子组件。如图2-9所示为转向柱总成。

(2) 转向柱的安全装置

转向轴和转向管柱的吸能装置有多种形式。其基本结构原理是,当转向轴受到巨大冲击时,转向轴便产生轴向位移,使支架或某些支承件产生塑性变形,从而吸收冲击能量。图 2-10 所示为安全式转向柱。

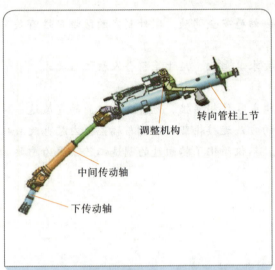

图 2-9

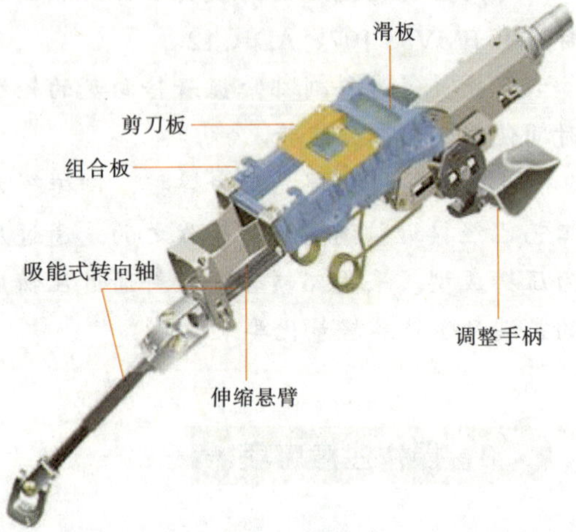

图 2-10

(3) 转向柱的分类

常见的转向柱有液压助力转向柱,电控液压助力转向柱和电动助力转向柱,不同转向柱的系统不同。

可溃缩式转向柱是指在车辆发生碰撞时,转向柱可按预先设计而溃缩变形。在汽车发生剧烈的撞击时,驾驶者往往会因为强烈的停止作用而向前倾,人体的胸部会和方向盘发生碰撞。为了使遭到转向柱冲击的驾驶者胸部所承受的冲击力减小,有些汽车把转向柱设计成在撞击时因遭到外界挤压而发生二到三段的溃缩折叠,可以分散一些因撞击由转向柱传递到人体的冲击力,如图 2-11 所示。

汽车安全专家将转向柱设计成可伸缩式的,一旦发生正面撞击,转向柱便会自动收缩进去,或者瞬间"折断",从而拉开与驾驶人间的距离,以增加生存空间。

另外还有一种可伸缩式转向柱,当发生正面撞击并且撞击力超过设计规定值时,转向柱会自动断开或脱开,使转向柱与转向机构脱离,避免转向柱因正面撞击而向后移动挤向驾驶人的前胸。

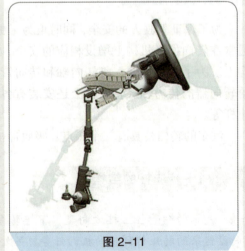

图 2-11

（4）对转向管柱一般设计参数要求

a. 压缩行程：转向柱及中间轴的可压缩行程为150mm以上。

b. 转向柱系统的最小临界压缩力：1.1～2.5kN。

c. 转向柱断开联接盒分离力：联接盒每个注塑销的破坏力为500N，转向柱上每个可断开联接盒一般有2～4个注塑销。

d. 除了保证规定的轴向压缩力外，还要有足够的抗弯强度，以提高轴向吸能效果。

e. 压缩吸能部分上、下端有一定的强度和刚度差异，保证压缩吸能力的传递。典型的缓冲吸能转向系统结构上包括转向盘、转向轴套管、转向轴、转向器以及当方向盘受到撞击时能够吸收冲击能量的其他元件等（如图2-12所示）。变形及溃缩部位分上节和下节（中间传动轴及下传动轴）两部分，一般以驾驶室前围为界限，可吸收来自于车前一次碰撞能和来自于驾驶员的二次碰撞能。

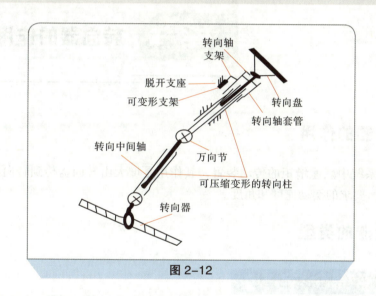

图2-12

f. 可压缩变形的转向柱和可变形支架。

转向管柱的上节溃缩结构繁多，但大都利用摩擦力、剪断力和变形力来吸收能量，轴向变形常用到的机构有花键轴及花键套式、尼龙销式、钢珠滚压式和套管挤压吸能式等，中间传动轴及下传动轴的结构常用的有花键式、波纹管式、胶盘式或多种结构配合。

由于转向管柱溃缩及吸能主要在轴向方向，而对于部分车型由于设计原因导致碰撞过程中管柱受力方向并不都是轴向，从而导致轴向溃缩不能完全发挥作用，所以在设计中应考虑管柱的弯曲受力。减小弯矩同样可以达到碰撞对管柱的要求，防止碰撞过程中管柱轴向窜动过大。波纹管在满足转矩要求的同时，还可同时满足碰撞轴向溃缩要求或弯曲溃缩功能。因此，带波纹管形式的转向传动轴得到了广泛的应用。

三、转向操纵机构的检修

1. 转向柱的检修

检查转向柱的变形与损坏情况,不允许补焊或校正,若变形或损坏严重时,必须更换。检查转向柱轴承的磨损与烧蚀情况,严重时应更换。

2. 万向节的检修

用手检查万向节在十字轴的两个方向的径向间隙,若发现有间隙时,应更换万向节。

任务三　转向器的作用及类型

一、转向器的作用

转向器是转向系统中减速增矩的传动装置,其作用是增大由转向盘传到转向器的力并改变力的传递方向,获得所要求的摆动速度和角度。

二、转向器的类型

1. 按传动副的结构形式分类

按传动副的结构形式,可分为齿轮齿条式、循环球式和蜗杆曲柄指销式三种。其中齿轮齿条式转向器又分为两端输出式和中间(或单端)输出式两种。

2. 按其作用力的传递情况分类

按其作用力的传递情况,可分为不可逆式、可逆式和极限可逆式三种。不可逆式不能将路面对转向轮的冲击载荷传递到转向盘上,转向轮不能自动回正,没有"路感",因此现代轿车一般不采用该形式。

作用力很容易地由转向盘经转向器传到转向轮,而转向轮所受的路面冲击也比较容易地经转向器传到转向盘,这种转向器称为可逆式转向器,其正、逆传动效率都很高,有利于汽车转向后转向轮的自动回正,转向盘"路感"很强,但也容易在坏路行驶时出现"打手"现象。所以,主要应用于经常在良好路面行驶的车辆。

当作用力可以由转向盘很容易地经转向器传到转向轮,而转向轮所受的路面冲击只有在很大时，才能经转向器传到转向盘，这种转向器称为极限可逆式转向器，其正传动效率远大于逆传动效率。采用这种转向器时，也能实现汽车转向后转向轮的自动回正，路面冲击力只有很大时，方能部分地传到转向盘，"路感"较差。所以，主要应用于中型以上的越野汽车、工矿用自卸汽车等。

目前，现代轿车广泛采用齿轮齿条可逆式转向器。

三、齿轮齿条式转向器

如图2-13所示，齿轮齿条式转向器主要由转向齿轮、转向齿条、转向器壳体、调整螺塞等组成。

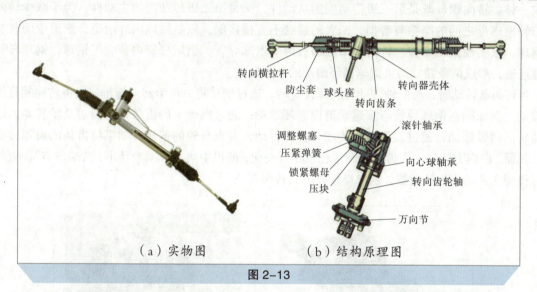

图 2-13

转向器通过转向器壳体的两端用螺栓固定在车身（车架）上。转向器输入轴通过球轴承、圆柱滚子轴承垂直安装在壳体中，其上端通过花键与转向传动轴上的万向节相连，其下部分是与轴制成一体的转向齿轮。转向齿轮是转向器的主动件，它与相啮合的从动件转向齿条水平布置，齿条背面装有弹簧和压块。在弹簧的作用下，压块将转向齿条压靠在转向齿轮上，保证二者无间隙啮合，有效地减小转向自由行程，提高操纵灵敏度，而其弹力的大小可由调整螺塞调整。弹簧不仅起消除啮合间隙的作用，而且还是一个弹性支承，可以吸收部分振动能量，缓和冲击。

转向齿条的两端分别与左、右转向横拉杆连接。转动转向盘时，转向齿轮转动，与之相啮合的转向齿条沿轴向移动，从而使左、右转向横拉杆带动转向节转动，使转向轮偏转，实现汽车转向。

齿轮齿条式转向器具有结构简单、轻巧、传力杆件少、维修方便、操纵灵敏等优点。目前，广泛应用于采用前轮独立悬架的轻、微型汽车和中、高级轿车上，如速腾、迈腾、奥迪等。

四、循环球式转向器

循环球式转向器主要由螺杆、螺母、转向器壳体以及许多小钢球等部件组成，如图2-14所示。所谓的循环球指的就是这些小钢球，它们被放置于螺母与螺杆之间的密闭管路内，起到将螺母螺杆之间的滑动摩擦转变为阻力较小的滚动摩擦的作用，当与方向盘转向管柱固定到一起的螺杆转动起来后，螺杆推动螺母上下运动，螺母再通过齿轮来驱动转向摇臂往复摇动从而实现转向。

在这个过程当中,那些小钢球就在密闭的管路内循环往复的滚动,所以这种转向器就被称为循环球式转向器。

相比齿轮齿条式转向器,循环球式转向器由于更多依靠滚动摩擦,所以具有较高的传动效率,操纵起来比较轻便舒适,机械部件的磨损较小,使用寿命相对较长。

它由两级传动副、壳体、钢球和间隙调整装置等组成。第一级传动副是螺杆－螺母传动副,第二级是齿条－齿扇传动副。

一级传动副是转向螺杆(steering screw)和转向螺母(steering nut),转向螺杆与转向轴连接;另一级传动副是齿条(rack)和齿扇(sector),在转向螺母下平面上加工成齿条,齿扇与齿扇轴形成一体。转向螺母既是第一级传动副的从动件,又是第二级传动副的主动件。为了减少转向螺杆与转向螺母之间的摩擦与磨损,二者的螺纹不直接接触,而是做成内外滚道,滚道中间装有许多钢球,以实现滚动摩擦。转向螺母上装有两个钢球导管,钢球导管内装满了钢球,钢球导管与滚道连通,形成两条独立的供钢球循环滚动的封闭通道。

当转向盘转动时,转向轴带动转向螺杆旋转,通过钢球将力传给转向螺母,使得转向螺母沿轴向移动,钢球则在钢球导管与滚道通道内循环滚动;通过螺母上的齿条带动齿扇及轴转动,进而带动转向摇臂摆动,通过其他转向传动装置的传动,实现车轮的偏转。如果将齿条的齿顶面制成鼓形弧面,齿扇上的每一个齿的节圆半径也相应变化,使得中间齿节圆半径小,两端齿节圆半径大,便可得到变传动比的转向器,这样操纵省力,转向轻便。

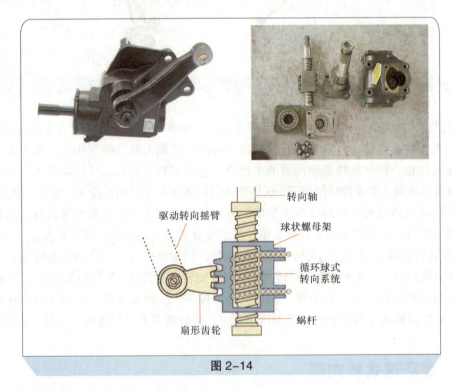

图 2-14

五、蜗杆曲柄指销式转向器

蜗杆曲柄指销式转向器,是以蜗杆为主动件,曲柄销为从动件的转向器。蜗杆具有梯形螺纹,手指状的锥形指销(可用单销或双销)用轴承支承在曲柄上,曲柄与转向摇臂轴制成一体。

转向时，通过转向盘转动蜗杆，嵌于蜗杆螺旋槽中的锥形指销一边自转，一边绕转向摇臂轴作圆弧运动，从而带动曲柄和转向垂臂摆动，再通过转向传动机构使转向轮偏转。

如图 2-15 所示，蜗杆曲柄指销式转向器主要由转向器壳体、转向蜗杆、指销、侧盖等组成。

转向器壳体固定在车身（车架）的转向器支架上。壳体内装有传动副，其主件是转向蜗杆，从动件是装在摇臂曲柄端部的指销。具有梯形截面螺纹的转向蜗杆支承在转向器壳体两端的两个球轴承上。

汽车转向时，驾驶人通过转向盘转动转向蜗杆（主动件），与其相啮合的指销（从动件）一边自转，一边以曲柄为半径绕摇臂轴轴线在蜗杆的螺纹槽内作圆弧运动，从而带动曲柄，进而带动转向摇臂摆动，实现汽车转向。

图 2-15

六、转向器的检修

1. 齿轮齿条式转向器的检修

检验转向齿条的直线度误差不得大于标准值，若误差偏大且无法调整时应更换。转向齿轮及转向齿条应运动灵活，无卡滞现象。检视齿条密封套及防尘套是否老化、磨损。转向器各零件不允许进行焊修或整形。

如转向齿轮与转向齿条的间隙过大，可通过拧紧调整螺塞使压块压向齿条，从而使转向齿条与转向齿轮紧密啮合。

2. 循环球式转向器的检修

用检视法检查，若转向器壳体出现裂纹，应予以更换。用直尺和塞尺检查壳体与侧盖接合面的平面度误差，若误差偏大应将其修磨平整。

转向器壳体及端盖上各轴承孔磨损严重，摇臂轴与衬套配合松旷，均应换用新件。轴端法检查摇臂轴齿扇表面，出现轻微点蚀，可用油石修整后继续使用，点蚀严重应换用新件。

转向螺杆与转向螺母的钢球滚道无疲劳磨损、划痕等耗损，钢球与滚道的配合间隙不得大于0.10mm。检验钢球与滚道配合间隙的方法：将转向螺母夹持固定后，把转向螺杆旋转到一端上止点，然后检验转向螺另一端的摆动量,其摆动量不得大于0.10mm,转向螺杆的轴向窜动量也不得大于0.10mm。

总成修理时,应检查转向螺杆的隐伤。若产生隐伤、滚道疲劳剥落、三角键有台阶形磨损或扭曲,应更换转向螺杆。

转向螺杆的支承轴颈若产生疲劳磨损,会引起明显的转向沉重、转向迟钝,应更换新件。

任务四　转向传动机构

一、转向传动机构的作用

转向传动机构的功用是将转向器输出的力和运动传到转向桥两侧的转向节,使两侧转向轮偏转,并使两转向轮偏转角按一定关系变化,以保证汽车转向时车轮与地面的相对滑动尽可能小。

二、转向传动机构的类型与组成

转向传动机构的类型根据汽车采用悬架的不同可分为两种:与非独立悬架配用的转向传动机构和与独立悬架配用的转向传动机构。由于现代汽车多采用前轮独立悬架转向系统,因此,我们只对与独立悬架配用的转向传动机构进行一下讲解。

与独立悬架配用的转向传动机构主要包括左、右转向横拉杆和转向球头。

左、右横拉杆分别通过螺纹与转向齿条连接,两个螺纹旋向不同,一个为左旋,另一个为右旋,锁紧螺母将转向横拉杆与转向齿条锁紧在一起。横拉杆还可以调整转向轮的前束。调整时,先松开锁紧螺母,拧动横拉杆,使两端同时内收或外张,调整好后,用锁紧螺母将其锁紧。

转向球头将横拉杆与转向节臂连接,这样,驾驶人作用在转向盘上的力通过转向器传到转向横拉杆,再传到转向球头,再传到转向节臂,然后再传递给转向轮,从而使汽车实现转向。

三、转向传动机构构造原理

1. 与非独立悬架配用的转向传动机构

(1) 转向传动机构的组成与布置

与非独立悬架配用的转向传动机构(图2-16所示)主要包括:转向器摇臂、转向直拉杆、转向节臂和转向梯形。在前桥仅为转向桥的情况下，由转向横拉杆和左、右梯形臂组成的转向梯形一般布置在前桥之后。当转向轮处于与汽车直线行驶相应的中立位置时，梯形臂与横拉杆在与道路平行的平面（水平平面）内的交角。在发动机位置较低或转向桥兼驱动桥的情况下，为避免运动的干涉，往往将转向梯形布置在前桥之前。若转向摇臂不是在汽车纵向平面内前后摆动，而是在与道路平行的平面内左右摆动，则可将转向直拉杆横置，并借球头销直接带动转向横拉杆，从而推使两侧梯形臂转动。

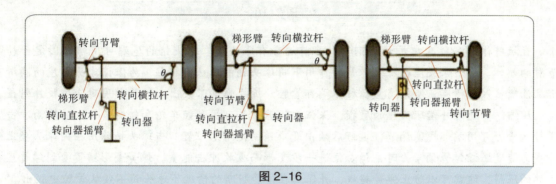

图 2-16

（2）转向摇臂

转向摇臂是转向器传动副与直拉杆间的传动件。如图 2-17 所示，东风 EQ1090E 型汽车的转向摇臂的大端用锥形三角细花键与转向器中摇臂轴的外端连接。其小端带有球头销，以便与转向直拉杆作空间铰链连接。

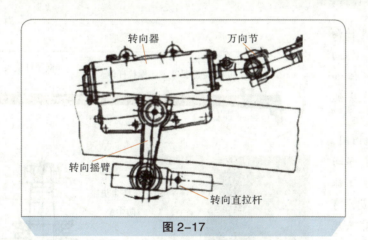

图 2-17

（3）转向直拉杆

转向直拉杆是转向摇臂与转向节臂之间的传动杆件。图 2-18 所示为解放 CA1091 型汽车的转向直拉杆构造图。在转向轮偏转而且因悬架弹性变形而相对于车架跳动时，转向直拉杆与转向摇臂及转向节臂的相对运动都是空间运动。因此，为了不发生运动干涉，三者之间的连接件都是球形铰链。

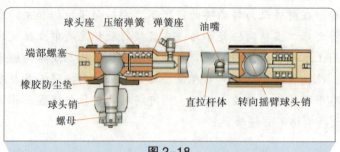

图 2-18

直拉杆体是一段两端扩大的钢管，其前端带有球头销。球头销的尾端可用螺母固定于转向节臂的端部。两个球头座在压缩弹簧的作用下将球头销的球头夹持住。为保证球头与座的润滑，可从油嘴注入润滑脂，使充满直拉杆体端部管腔。拆装时供球头出入的孔口用耐油橡胶片封盖。

压缩弹簧随时补偿球头座的磨损，保证无间隙，并可缓和经车轮和转向节传来的路面冲击。弹簧预紧力可用端部螺塞调节，调好后须用开口销固定螺塞位置。当球头销作用在内球头座上的冲击力超过压缩弹簧预紧力时，弹簧便进一步变形而吸收冲击能量。弹簧变形增量受到弹簧座自由端的限制，这就可以防止弹簧超载，并保证在弹簧折断的情况下球头销不致从管腔中脱出。

直拉杆体后端可以嵌装转向摇臂的球头销。这一端的压缩弹簧也装在球头座后方。这样，两个压缩弹簧可分别在沿轴线的不同方向上起缓冲作用。自球头销传来的冲击力由前压缩弹簧承受。当球头销受到向前的冲击力时，冲击力依次经前球头座、前端部螺塞、直拉杆体和后端部螺塞传给后压缩弹簧。

（4）转向横拉杆

转向横拉杆是转向梯形机构的底边。转向横拉杆由横拉杆体和旋装在两端的接头组成（如图2-19所示）。两端的接头结构相同。其中球头销的尾部与梯形臂相连。上、下球头座用聚甲醛制成，有很好的耐磨性。球头座的形状见图2-19。装配时两球头座的凹凸部互相嵌合。弹簧保证两球头座与球头紧密接触，并起缓冲作用，其预紧力由螺塞调整。

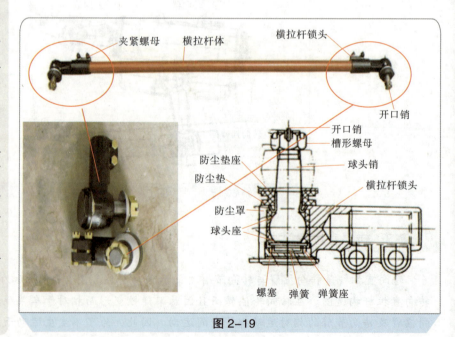

图 2-19

两接头通过螺纹与横拉杆体连接。接头螺纹部分有切口，故具有弹性。接头旋装到横拉杆体上后，用夹紧螺栓夹紧。横拉杆体两端的螺纹，一为右旋，一为左旋。因此，在旋松夹紧螺栓以后，转动横拉杆体，即可改变转向横拉杆的总长度，从而可调整转向轮前束。

图 2-20 所示的东风 EQ1090E 型汽车转向横拉杆，其接头结构形式与解放 CA1091 型汽车横拉杆接头相似，但球头座是钢制的。此外，螺孔切口两边无耳孔，而是用螺栓通过冲压制成的卡箍夹紧在横拉杆体上。这样就使接头的结构和制造工艺简化了。

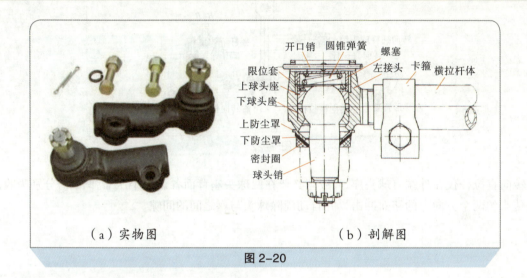

图 2-20

2. 与独立悬架配用的转向传动机构

当转向轮独立悬挂时，每个转向轮分别相对于车架作独立运动，因而转向桥必须是断开式的。与此相应，转向传动机构中的转向梯形也必须分成两段或三段，并且由在平行于路面的平面中摆动的转向摇臂直接带动或通过转向直拉杆带动，如图 2-21 所示。

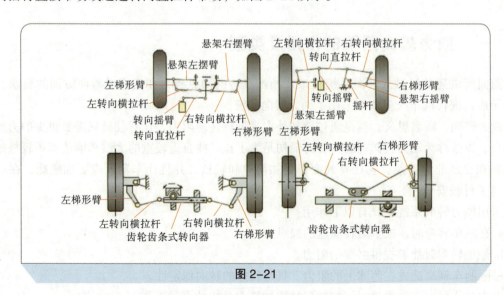

图 2-21

红旗 CA7560 型轿车转向传动机构即采用图 2-21 所示方案，其具体结构见图 2-22 所示。摇杆前端固定于车架横梁中部，后端借球头销与转向直拉杆和左、右横拉杆连接。转向直拉杆外端与转向摇臂球头销相连。左、右横拉杆外端也用球头销分别与左、右梯形臂铰接，故能随同侧车轮相对于车架和摇杆在横向平面内上下摆动。

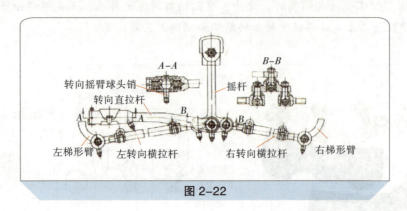

图 2-22

转向直拉杆仅在外端有球头座，故有必要在两球头座背面各设一个压缩弹簧，分别吸收由横拉杆传来的两个方向上的路面冲击，并自动消除球头与座之间的间隙。

任务五　助力系统的作用及类型

一、助力转向系统的作用及类型

前面所讲述的机械式转向系统很难兼顾汽车转向操纵省力和反应灵敏两方面的要求，为解决这一矛盾，现代汽车大多数都采用了助力转向系统。

助力转向，顾名思义，就是通过增加外力来抵抗转向阻力，让驾驶员只需要更少的力就能够完成转向，也被称为动力转向。助力转向最初是为了让一些自重较重的大型车辆能够更轻松地操作，但是现在已经非常普及，它让驾驶变得更加简单和轻松，并且让车辆反应更加敏捷，在一定程度上提高了行驶安全性。

采用助力转向系统主要有以下作用：
a. 在汽车转弯时，减少对转向盘的操纵力。
b. 原地转向时能够提供必要的阻力。
c. 限制车辆高速或在薄冰上的阻力，具有较好的转向稳定性。
d. 在动力转向系统失效时，能够保持机械转向系统的有效工作。

汽车助力转向系统按其动力源不同可以分为液压式、电动式和电子液压式三种。

二、液压式助力转向系统

液压式助力转向系统是基于机械式的齿轮齿条式转向器而来的，它增加了一整套液力系统，包括储油罐、转向泵、与转向柱相连的控制阀、转向器上的液压缸和能够推动转向横拉杆的活塞等。工作压力可高达 10MPa 以上，故其部件结构紧凑，尺寸很小。液压系统工作时无噪声，工作滞后时间短，而且能吸收来自不平路面的冲击，因此，液压式助力转向系统已在各类各级汽车上获得广泛应用。

液压式助力转向系统按转向控制阀阀芯运动方式不同可分为滑阀式与转阀式；按液流形式又可分为常压式与常流式。现代汽车多采用常流转阀式动力转向系统。

转向泵是液压式助力转向系统的动力源，固定于发动机机体，由发动机驱动产生转向助力油压，经转向控制阀向液压缸提供一定压力和流量的工作油液。转向泵有三种类型：齿轮式、转子式和叶片式。其中，叶片式转向泵由于其结构紧凑、输油压力脉动小、输油量均匀、运转平稳、性能稳定、使用寿命长等优点，被现代汽车广泛采用。叶片式转向泵中的双作用式叶片泵应用最广泛，这种转向泵有两种结构形式，一种是潜没式转向泵，它与储油罐是一体的，即转向泵潜没在储油罐的油液中；另一种为非潜没式转向泵，它的储油罐与转向泵分开安装，用油管与转向泵相连接。

图 2-23

如图 2-23 所示，双作用式叶片泵：由转子、定子、叶片和端盖组成。其中，转子与定子的中心相重合。定子内表面不是圆形而是一个近似的椭圆形，它由两条长半径和两条短半径所决定的圆弧以及四段过渡曲线所组成。转子每转一周，叶片在转子切槽内往复运动两次，完成两次吸油和两次压油，故称为双作用式叶片泵。为了使转子受到的径向油压力完全平衡，工作油腔数（即叶片数）应当为偶数。

转向控制阀用来控制转向泵最大输油量，并能将流量控制在规定范围内，满足转向助力的需要。

储油罐储存定量的油液，保证供给充足的油量并有散热冷却油液的作用。如果液面高度太低，将使助力转向系统渗入空气，造成汽车转向操作不稳，忽轻忽重或有噪声。

转向储油罐油面的检查：

a. 将车辆停放在平坦的地面上，使前轮处于直线位置。

b. 起动发动机，并使其达到正常的工作温度。

c. 使发动机怠速运转大约 2min，打几次转向盘，使油温达到 40℃～80℃，关闭发动机。

d. 如图 2-24 所示，观察储油罐的油面，此时，油面应处于"MAX"（上限）与"MIN"（下限）之间，油面低于"MIN"时，应加至"MAX"。

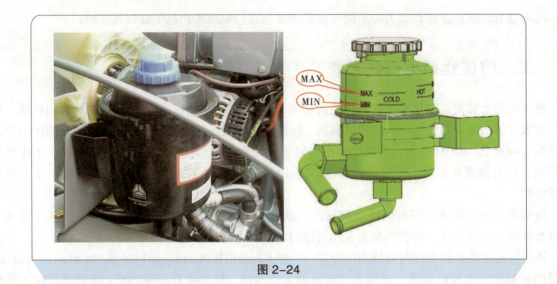

图 2-24

三、电动助力转向系统

电动助力转向系统（Electric Power Steering，缩写 EPS）是一种直接依靠电动机提供辅助扭矩的动力转向系统，与传统的液压助力转向系统 HPS（Hydraulic Power Steering）相比，EPS 系统具有很多优点。EPS 主要由扭矩传感器、车速传感器、电动机、减速机构和电子控制单元（ECU）等组成，如图 2-25 所示。

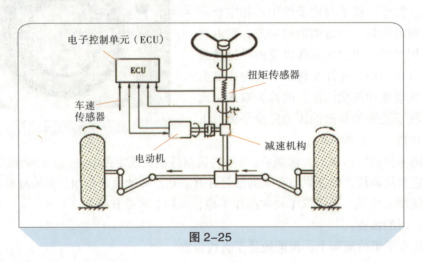

图 2-25

1.EPS 助力转向分类

EPS 按照辅助电动机的布置方式可分为四种：转向柱助力式（Column-assist type EPS）、小齿轮助力式（Pinion-assist type EPS）、齿条助力式（Rack-assist type EPS）和直接助力式（Direct-drive type EPS）。

（1）转向柱助力式（C-EPS）

转向柱助力式转向系统的转矩传感器、电动机、离合器和转向助力机构组成一体，安装在转向柱上。其特点是结构紧凑，电动机助力的响应性较好。但由于助力电动机安装在驾驶舱内，受到空间布置和噪声的限制，电动机的体积较小，输出扭矩不大，一般只用在小型及紧凑型车辆上。

（2）小齿轮助力式（P-EPS）

小齿轮助力式转向系统的转矩传感器、电动机、离合器和转向助力机构仍为一体，只是整体安装在转向小齿轮处，直接给小齿轮助力，能够获得较大的转向力。可用于中型车辆，提供较大的助力值。该形式可使各部件布置更方便，但当转向盘与转向器之间装有万向传动装置时，转矩信号的取得与助力车轮部分不在同一直线上，助力控制特性难以保证准确。

（3）齿条助力式（R-EPS）

齿条助力式转向系统的转矩传感器单独地安装在小齿轮处，电动机与转向助力机构一起安装在小齿轮另一端的齿条处，用以给齿条助力。齿条助力式 EPS 系统的动力辅助单元安装在齿条上，具体安装位置比较自由，因此在汽车的底盘布置时非常方便。此外，同小齿轮助力式相比，能提供更大的助力值，可用于较大的车辆上，主要用于重型汽车。

（4）直接助力式（D-EPS）

直接助力式 EPS 系统的动力辅助机构和转向器的齿条组成一个独立的单元，很容易布置在发动机舱内。例如丹纳赫传动（Danaher Motion）公司设计的直接驱动式 EPS 系统，采用 IP67 密封标准，降低了系统的复杂性，可为车辆设计单位、制造商和用户带来显著优势。电动系统的灵活性可实现转向轮、多转轮、操纵杆和有线制导组件等输入装置的零更换。系统中的可组态交流驱动装置实现了参数性能的便捷调节，在与电气牵引系统配套使用时，用户可根据载荷和转向角度对牵引速度进行控制，改善电动车辆的驾驶性能、稳定性以及总体安全性。

2. 电动助力转向系统的工作原理

EPS 的基本原理：转矩传感器与转向轴（小齿轮轴）连接在一起，当转向轴转动时，转矩传感器开始工作，把输入轴和输出轴在扭杆作用下产生的相对转动角位移变成电信号传给 ECU，ECU 根据车速传感器和转矩传感器的信号决定电动机的旋转方向和助力电流的大小，从而完成实时控制助力转向。因此它可以很容易地实现在车速不同时提供电动机不同的助力效果，保证汽车在低速转向行驶时轻便灵活，高速转向行驶时稳定可靠。

电动助力转向系统是在传统机械转向系统的基础上发展起来的。它利用电动机产生的动力来帮助驾驶员进行转向操作，系统主要由三大部分构成：信号传感装置（包括扭矩传感器、转角传感器和车速传感器)、转向助力机构(电动机、离合器、减速传动机构)及电子控制装置。电动机仅在需要助力时工作,驾驶员在操纵转向盘时,扭矩转角传感器根据输入扭矩和转向角的大小产生相应的电压信号,车速传感器检测到车速信号,控制单元根据电压和车速的信号,给出指令控制电动机运转,从而产生所需要的转向助力。

3. 电动助力转向系统特点

电动助力转向系统将最新的电力电子技术和高性能的电动机控制技术应用于汽车转向系统,能显著改善汽车动态性能和静态性能、提高行驶中驾驶员的舒适性和安全性、减少环境污染等。电动助力转向系统具有以下特点:

(1) 降低了燃油消耗

液压动力转向系统需要发动机带动液压油泵,使液压油不停地流动,浪费了部分能量。相反电动助力转向系统(EPS)仅在需要转向操作时才需要电动机提供的能量,该能量可以来自蓄电池,也可来自发动机。而且,能量的消耗与转向盘的转向及当前的车速有关。当转向盘不转向时,电动机不工作,需要转向时,电动机在控制模块的作用下开始工作,输出相应大小及方向的转矩以产生助力转向力矩,而且,该系统在汽车原地转向时输出最大转向力矩,随着汽车速度的改变,输出的力矩也跟随改变。该系统真正实现了"按需供能",是真正的"按需供能型"(on-demand)系统。汽车在较冷的冬季起动时,传统的液压系统反应缓慢,直至液压油预热后才能正常工作。由于电动助力转向系统设计时不依赖于发动机而且没有液压油管,对冷天气不敏感,系统即使在-40℃时也能工作,所以提供了快速的冷起动。由于该系统没有起动时的预热,节省了能量。不使用液压泵,避免了发动机的寄生能量损失,提高了燃油经济性,装有电动助力转向系统的车辆和装有液压助力转向系统的车辆对比实验表明,在不转向情况下,装有电动助力转向系统的燃油消耗降低2.5%,在使用转向情况下,燃油消耗降低了5.5%。

(2) 增强了转向跟随性

在电动助力转向系统中,电动助力机与助力机构直接相连可以使其能量直接用于车轮的转向。该系统利用惯性减振器的作用,使车轮的反转和转向前轮摆振大大减水。因此转向系统的抗扰动能力大大增强。旋转力矩产生于电动机,没有液压助力系统的转向迟滞效应,增强了转向车轮对转向盘的跟随性能。

(3) 改善了转向回正特性

当驾驶员使转向盘转动一角度后松开时,电动助力转向系统能够自动调整使车轮回到正中。该系统还可以让工程师们利用软件在最大限度内调整设计参数以获得最佳的回正特性。从最低车速到最高车速,可得到一簇回正特性曲线。通过灵活的软件编程,容易得到电动机在不同车速及不同车况下的转矩特性,这种转矩特性使得该系统能显著地提高转向能力,提供了与车辆动态性能相匹配的转向回正特性。而在传统的液压控制系统中,要改善这种特性必须改造底盘的机械结构,实现起来有一定困难。

(4) 提高了操纵稳定性

通过对汽车在高速行驶时过度转向的方法测试汽车的稳定特性,给正在高速行驶(100km/h)的汽车一个过度的转角迫使它侧倾,在短时间的自回正过程中,由于采用了微电脑控制,使得汽车具有更高的稳定性,驾驶员有更舒适的感觉。

(5) 提供可变的转向助力

电动助力转向系统的转向力来自于电动机。通过软件编程和硬件控制,可得到覆盖整个车速的可变转向力。可变转向力的大小取决于转向力矩和车速。无论是停车、低速或高速行驶时,它都能提供可靠的,可控性好的感觉,而且更易于车场操作。

对于传统的液压系统,获得可变转向力矩非常困难而且费用很高。要想获得可变转向力矩,必须增加额外的控制器和其他硬件。但在电动助力转向系统中,可变转向力矩通常写入控制模块中,通过对软件的重新编写就可获得,并且所需费用很小。

(6) 系统结构简单,占用空间小

由于该系统具有良好的模块化设计,所以不需要对不同的系统重新进行设计、试验、加工等,不但节省了费用,也为设计不同的系统提供了极大的灵活性,而且更易于生产线装配。由于没有油泵、油管和发动机上的皮带轮,使得工程师们设计该系统时有更大的余地,而且该系统的控制模块可以和齿轮齿条设计在一起或单独设计,发动机部件的空间利用率极高。该系统省去了装在发动机上的皮带轮和油泵,留出的空间可以用于安装其他部件。许多消费者在买车时非常关心车辆的维护与保养问题。装有电动助力转向系统的汽车没有油泵,没有软管连接,可以减少许多维护与保养方面的忧虑。实际上,传统的液压转向系统中,液压油泵和软管的事故率占整个系统故障的53%,如软管漏油和油泵漏油等。

(7) 结构紧凑,质量轻,生产线装配好,易于维护保养

电动助力转向系统取消了液压转向油泵、油缸、液压管路、油罐等部件,而且电动机及减速机构可以和转向柱、转向器做成一个整体,使得整个转向系统结构紧凑,质量轻,在生产线上的装配性好,节省装配时间,易于维护保养。

四、电子液压助力转向系统

由于机械液压助力需要大幅消耗发动机动力,所以人们在机械液压助力的基础上进行改进,开发出了更节省能耗的电子液压助力转向系统。如图2-26所示,这套系统的转向油泵不再由发动机直接驱动,而是由电动机来驱动,并且在之前的基础上加装了电控系统,使得转向辅助力的大小不光与转向角度有关,还与车速相关。机械结构上增加了液压反应装置和液流分配阀,新增的电控系统包括车速传感器、电磁阀、转向ECU等。

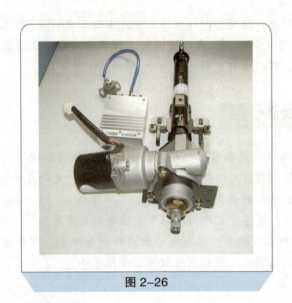

图 2-26

1. 结构特点与工作原理

电子液压助力转向系统的结构主要包括动力转向器、转向助力传感器、单向阀、车速传感器、转向控制灯、发动机传感器、储油罐、限压阀、电动液压泵和动力转向ECU,如图2-27所示。

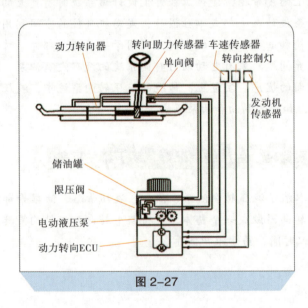

图 2-27

电子液压助力的原理与机械液压助力基本相同，不同的是油泵由电动机驱动，同时助力力度可变。车速传感器监控车速，电控单元获取数据后通过控制转向控制阀的开起程度改变油液压力，从而实现转向助力力度的大小调节。

2. 电子液压助力转向系统的优点

电子液压助力拥有机械液压助力的大部分优点，同时还降低了能耗，反应也更加灵敏，转向助力大小也能根据转角、车速等参数自行调节，更加人性化。不过引入了很多电子单元，其制造、维修成本也会相应增加，使用稳定性也不如机械液压式的牢靠，随着技术的不断成熟，这些缺点正在被逐渐克服，电子液压助力已经成为很多家用车型的选择。

任务六　转向系统的拆装与故障诊断

一、齿轮齿条式机械转向器的维修

1. 拆卸

a. 拆卸分解中，应先在转向齿条端头与横拉杆联接处打上安装标记；
b. 拆卸转向齿条端头，但不能碰伤转向齿条的外表面；
c. 拆下转向齿条导块组件后，拉住转向齿条，使齿对准转向齿轮，再拆卸转向齿轮；最后抽出转向齿条。抽出时，注意不能让转向齿条转动，防止碰伤齿面。

2. 主要零件的检修

a. 零件出现裂纹应更换，横拉杆、转向齿条在总成修理时应进行隐伤检验；
b. 转向齿条的直线度误差不得大于 0.30mm；
c. 齿面上需无疲劳剥蚀及严重的磨损。若出现左右大转角时转向沉重，且又无法调整时应更换转向齿条；
d. 更换转向齿轮轴承。

3. 齿轮齿条式机械转向器的装配与调整

a. 安装转向齿轮：
- 将上轴承和下轴承压在转向齿轮轴颈上，轴承内座圈与齿端之间应装好隔圈；
- 把油封压入调整螺塞；
- 将转向齿轮及轴承一块压入壳体；
- 装上调整螺塞及油封，并调整转向齿轮轴承紧度。手感应无轴向窜动，转动自如，转向齿轮的转动力矩符合原厂规定，一般约为 0.5N·m；
- 按原厂规定扭矩紧固锁紧螺母，并装好防尘罩。

b. 装入转向齿条。

c. 安装齿条衬套，转向齿条与衬套的配合间隙不得大于 0.15mm。

d. 装入转向齿条导块、隔环、导块压紧弹簧、调整螺塞（弹簧帽）及锁紧螺母。

e. 调整转向齿条与转向齿轮的啮合间隙，也称为"转向齿条的预紧力"。因结构的差异，调整方法也有所不同。但常见的有两类：一是改变转向齿条导块与盖之间的垫片厚度来调整转向齿条与转向齿轮轮齿的啮合深度，完成预紧力的调整；另一种方法是用盖上的调整螺塞改变转向齿条导块与弹簧座之间的间隙值，完成啮合深度，即预紧力的调整。

预紧力的调整步骤是：

步骤一：先不装弹簧以及壳体与盖之间的垫片，进行 x 值的调整（如图 2-28 所示），使转向齿轮轴上的转动力矩为 1～2N·m；

步骤二：然后用厚薄规测量 x 值；

步骤三：在 x 值上加 0.05～0.13mm，此值就是应加垫片的总厚度，也就是转向齿条和转向齿轮合格的啮合间隙所要求的垫片总厚度。

f. 安装垫圈和转向齿条端头时，应特别注意转向齿条端头和齿条的联接必须紧固、锁止可靠。

g. 安装横拉杆和横拉端头，并按原厂规定检查调整左、右横拉杆的长度，以保证转向轮前束正确；另外，横拉杆端头球销的夹角应符合原厂规定；调整合格后，必须按原厂规定的扭矩紧固并锁止横拉杆夹子。

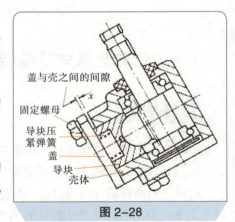

图 2-28

二、循环球式机械转向器的维修

1. 循环球式机械转向器的拆卸

a. 从车上卸下，放油；

b. 将转向臂转至中央位置；

c. 拧下侧盖螺钉，取下侧盖和转向臂总成，如图 2-29（1）所示；

d. 拧下底盖螺钉，用铜棒轻轻敲击转向螺杆端头，取下底盖；

e. 从壳体中取出转向螺杆和转向螺母总成；

f. 如转向螺杆和转向螺母无异常，尽量不要解体；

g. 必须解体时，拧下导管夹螺钉，如图2-29（2）中（a）所示，拆下导管夹握住螺母，慢慢旋转螺杆排出全部钢球，如图2-29（3）所示。

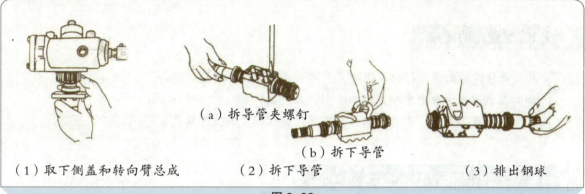

（1）取下侧盖和转向臂总成　　　（2）拆下导管　　　　　　（3）排出钢球

（a）拆导管夹螺钉

（b）拆下导管

图2-29

> **注意：**
>
> 取出转向臂和转向螺杆时不要碰伤油封，两个循环滚道的钢球最好不要混在一起，螺母内留有一个钢球都不能拆下螺母。

2. 循环球机械转向器主要零件的检修

（1）转向器壳体的检修

a. 壳体、侧盖产生裂纹需更换，二者结合平面的平面度公差为0.10mm；

b. 修整壳体变形。壳体变形的特点是摇臂轴轴承孔的公共轴线对于转向螺杆两轴承承孔公共轴线的垂直度误差逾限（公差为0.04～0.06mm）。两轴线的轴心距变大（公差为0.10mm）。壳体变形不但会引起转向沉重的故障，同时减少了转向器传动副传动间隙可调整的次数，缩短了转向器的使用寿命。修整变形时，先修整结合平面，然后更换摇臂轴衬套。

（2）转向螺杆与转向螺母的检修

a. 转向螺杆与转向螺母的钢球滚道无疲劳磨损、划痕等耗损，钢球与滚道的配合间隙不得大于0.10mm。

检验钢球与滚道配合间隙的方法有两种：

一种方法是把转向螺母夹持固定后，把转向螺杆旋转到一端止点，然后检验转向螺杆另一端的摆动量，其摆动量不得大于0.10mm，转向螺杆的轴向窜动量也不得大于0.10mm。

另一种方法是将转向螺杆和转向螺母配合副清洗干净后，把转向螺杆垂直提起，转向螺母在重力作用下，应能平稳地旋转下落，说明配合副的传动间隙合格。若无其他耗损，传动副组件一般不进行拆检。

b. 总成修理时,应检查转向螺杆的隐伤,若产生隐伤、滚道疲劳剥落、三角键有台阶形磨损或扭曲,应更换。

c. 转向螺杆的支承轴颈若产生疲劳磨损,会引起明显的转向盘沉重、转向迟钝,可按原厂规定的锥角磨削修整轴颈,然后刷镀修复。实践证明,其耐久性可达 100 000km 以上。

(3)摇臂轴的检修

a. 总成大修时,必须进行隐伤检验,产生裂纹需更换,不许焊修;
b. 轴端花键出现台阶形磨损、扭曲变形,应更换;
c. 支承轴颈磨损逾限,但无其他耗损可进行刷镀修复或喷焊修复。

3. 循环球机械转向器的装配与调整

(1)安装转向螺杆组件

转向螺杆螺母组件在维修时一般不拆散。若拆散重新组装时,先平稳地逐个装入钢球,装钢球的过程中,转向螺杆和转向螺母不要相对运动(如图2-30所示),必要时,只能稍许转动转向螺母或用塑料棒将钢球轻轻冲进滚道内;然后给装满钢球的导管口涂压润滑脂防止钢球脱出,用导管卡将导管固定在转向螺母上。

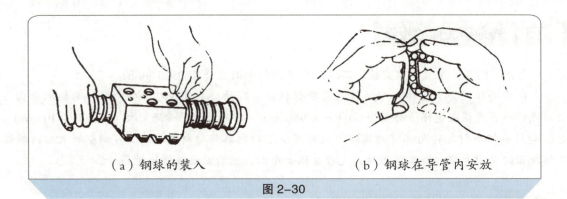

(a)钢球的装入　　　　(b)钢球在导管内安放

图 2-30

所装钢球的直径和数量必须符合原厂规定。如 EQD131 型汽车安装 ϕ450mm 转向盘的转向器的钢球为 ϕ7.144mm,共 2×49+1 粒;EQ140/47 型长轴汽车安装 ϕ550mm 转向盘的转向器的钢球为 ϕ7.144mm,共 2×58+1 粒。

(2)主要零件的检修

a. 转向螺杆的检修:
● 传动副已丧失传动间隙调整能力时需更换;

- ● 滚道表面严重磨损或出现严重压痕、疲劳剥落和裂纹等耗损需更换;
- ● 轴承轴颈出现疲劳磨损,磨削后刷镀修复。

b. 摇臂轴的检修:
- ● 扇形块、花键出现明显的扭曲时需更换。$\phi 42mm$ 两孔的轴线与 $\phi 35mm$ 轴的轴线的平行度误差不得大于 0.10mm; $\phi 42mm$ 两孔端面在同一平面里的位置度误差不得大于 0.08mm; 花键安装记号(刻线)与扇形块中线之夹角不超过 13°;
- ● 摇臂轴任何部位出现裂纹都应更换,禁止焊修;
- ● 支承轴颈磨损逾限,刷镀修理或更换。

c. 检查主销轴承组件:
- ● 主销头部产生疲劳剥落或已经产生偏磨或破裂,更换组件;
- ● 用两个手指捏住主销头部转动,应转动自如,主销在轴承内若有轴向窜动,视情况进行调整。

d. 摇臂轴衬套间隙使用限度为 0.20mm。

三、转向盘的拆装

1. 转向盘拆卸

a. 将点火开关转至锁止位置并使前轮置于直行位置。
b. 拆下蓄电池负极,等待 1min 以上。
c. 松开转向盘下安装气囊的 3 个螺钉,如图 2-31(a)所示。
d. 松开转向盘下安装的另外 2 个螺钉,如图 2-31(b)所示。
e. 从转向盘上拉出气囊打开模块,再拆下模块的电气接头(如图 2-32 所示)。不要拽转向盘柱中的气囊接线。将模块面朝上放在工作台上。

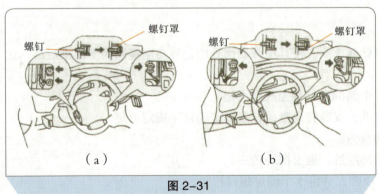

图 2-31

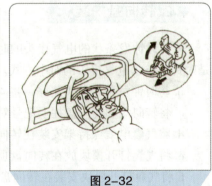

图 2-32

f. 拆下转向盘内的气囊保持架,如图 2-33 所示。
g. 拆下转向盘固定螺母。
h. 注意转向盘和转向盘柱上配合的对正记号,如图 2-34 所示。如无记号,应作出记号。

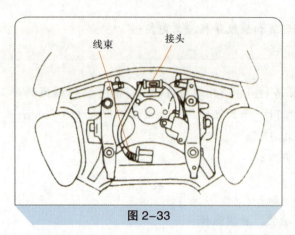

图 2-33

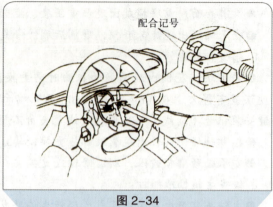

图 2-34

i. 将带有拆卸螺钉的转向盘拆卸器插入转向盘的螺钉孔内。拧紧拆卸螺钉,将转向盘卸下。

j. 拆下4个紧固螺钉,并拆下时钟发条状的电气接头,如图2-35所示。

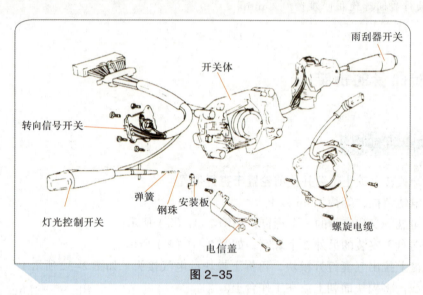

图 2-35

2. 转向盘安装

a. 将时钟发条状的电气接头顺时针转3圈,使其中部表面处的记号与电缆圆周上的槽对准。这是时钟发条状电气接头的对中方式。

b. 将时钟发条状接头装好,将4个紧固螺钉拧至规定力矩。

c. 将转向盘和转向盘柱上记号对准,安装转向盘,拧紧固定螺钉至规定力矩。

d. 将气囊电线保持架安装在转向盘内。

e. 将气囊打开模块放在转向盘顶部附近,连上模块接头。

f. 将气囊打开模块安装在转向盘顶部,并将5个固定螺钉拧紧。

g. 连接蓄电池负极。

h. 将时钟发条与收音机重新调好。

如果汽车没有安装安全气囊,转向盘的拆装步骤也基本相同,只是省略了有关气囊模块和时钟发条的拆装步骤。

四、转向管柱的拆装

转向盘柱的拆卸步骤因汽车种类、转向盘柱种类、变速杆位置不同而不同,应按维修手册中推荐步骤来操作。下述为一种典型的转向盘柱的拆卸与安装步骤。

1. 转向盘柱的拆卸

a. 拆下蓄电池负极,如车辆配有安全气囊,必须等待 1min 以上,才可进行其他操作。
b. 前轮置于直行位置,从点火开关上取下钥匙,以锁住转向盘柱。
c. 拆下转向盘柱下面的盖,如有必要再拆下下装饰板。
d. 从转向盘柱上解下所有的线束插头。
e. 如果变速杆装在转向盘柱上,在转向盘柱下端拆下变速链节。
f. 从下万向节或挠性联轴节上拆下紧固螺栓。
g. 拆下转向盘柱和仪表板的联接螺栓。

2. 转向盘柱的安装

转向盘柱的安装按其拆卸的逆向进行操作。

五、转向传动机构的维修

1. 主要部件的检修

(1) 检查裂纹

必须用探伤法检查横、直拉杆,转向摇臂,转向节臂及球头销是否有裂纹,若发现裂纹一律更换。

(2) 检查直拉杆

应无明显变形,用百分表检测直拉杆的弯曲度应符合技术标准,一般为 2.00mm。若弯曲变形超标时,应进行冷压校正。

(3) 检查直拉杆装球头销的承孔

若磨损超过极限值,予以焊修后加工至规定的尺寸,或将标准尺寸的钢板(钢板厚度不小于 3.5mm)焊在上面。直拉杆端头螺栓螺纹损坏,可重新予以套丝进行修复。

（4）检查球头销与其相配合的各部位

当球头销座孔上缘磨损厚度小于 2.00mm 时，可堆焊后进行车削修理。对球头销的球面及颈部小直径磨损大于 0.80mm 时应予更换。

（5）检查转向摇臂的花键

应无明显扭曲或金属剥落现象，转向摇臂装在摇臂轴上后，其端面应高出摇臂轴花键端面 2～5mm。

（6）检查横拉杆

用百分表检测横拉杆的弯曲度大于 2.00mm 时，应进行冷压校正。弹簧失效或折断、螺塞损坏一律更换。

2. 转向传动机构的调整

（1）球节的调整

主、横拉杆两端球节如有松旷现象，可将调整螺塞旋到底，使弹簧抵紧球座，再把螺塞退回 1/2～1/3，达到球节转动稍有阻力感，且又不过紧，也无卡住现象为合适，然后上好开口销。

（2）前束的调整

检查时将汽车停放在平地上，使前轮位于直线行驶位置。在两轮做上记号，把前束尺放在两轮之间的记号上。尺与前轴在同一水平面上，记住尺上的数值，然后再将汽车向前推进，直到前束尺随车轮转动到后面与前轴成同一水平面时为止。此时前束尺上的数值减去前边测量的数值即为前束值。另外也可将前桥架起进行调整。

为使调整准确可靠应事先将轮毂轴承紧度调整好，两前轮轮胎气压要一致，否则会有误差。

（3）转向角的检查调整

转向角的检查必须在前轮前束调整合格后进行。检查时，首先把前桥用千斤顶顶起，再把前轮置于直线行驶位置，使之静止不动。然后，在左右轮轮胎下垫一块平板，在平板上固定一张白纸，用木尺靠近车轮外边缘，画出与车轮平行的直线。然后把方向盘左转到极限位置，同样画出第二条直线，最后用量角器测量此角的大小，此角即为左轮最大转向角。用同样的方法，可测出右轮的转向角。

转向角经过检测后，若不符合原厂规定，必须进行调整。调整时，改变其限位螺柱的长度即可。一般汽车的两只限位螺柱都装在转向节突缘上，旋进螺柱时转向角增大，旋出螺柱时转向角减小。前桥驱动的汽车，调整螺柱一般装在转向节壳上，方法同上所述。调整好后，把限位螺柱焊死。这里要注意：调整时要把方向盘向左或向右打到底，轮胎不与翼子板或直拉杆等部位碰接，并有8～10mm距离为合适。

（4）方向盘自由行程的调整

转向盘游动间隙是指处于直线行驶位置的前轮不发生偏转情况下，转向盘所能转过的角度，也称为转向盘自由行程。一般汽车转向盘左右自由转动量不超过30°，如果超过这个范围，将使汽车在行驶中转向盘左右偏摆晃动。

检查时，把汽车前轮置于直线行驶的位置，把检查器刻度和指针分别夹持在转向轴管和方向盘上，然后向左或向右转动方向盘感到有阻力时，记住指针所在的位置，再反向转动方向盘感到有阻力时为止，指针在刻度盘上所划的角度，即为方向盘的游动间隙。

方向盘自由行程调整时，要由二人协作进行，一人左右摆动方向盘，另一人在车下观察。如果转向臂摆了很多，而前轮并不转动或很少转动，则故障在传动机构；如果方向盘转动了较大角度，而转向臂并不转动，则故障在转向器。经过检查判断后，再确定调整的部位。

a.首先检查转向盘紧固螺母，若松动，应予以紧固。再检查转向装置滑动花键部的磨损情况，若磨损过大，应予更换转向传动滑动叉。

b.检查摇臂轴与螺母啮合间隙是否过大，过大应予以调整。

c.检查转向器内平面轴承是否符合要求，如钢球在轴承上、下滚道运动不正常，使左、右传动时起动力很轻（如同空行程），转过一定范围又恢复正常的力矩，这样，在左、右转向时，有一种起动力甚轻的感觉，转向盘由于车辆的振动，产生左、右晃动。

d.检查其他直、横拉杆以及转向节等部有无松动等缺陷。

（5）转向摇臂的调整

当汽车直线行驶时，转向器的滚轮必须在蜗杆的中间位置相啮合，因此转向摇臂在未装在摇臂轴之前，必须把前轮摆在直线位置上，并转动方向盘从一个极端转到另一极端，记住转动的总圈数，取此圈数的一半，即滚轮在蜗杆的中间啮合位置。这时，再把转向摇臂装到摇臂轴上。装时要注意，摇臂端面要高出摇臂轴花键端面2～5mm。最后装上紧固螺母，并按规定扭力拧紧。

六、机械式转向系统的故障诊断与排除

1. 转向沉重

（1）故障现象

汽车在行驶中，转动转向盘感到沉重费力，转弯后又不能及时回正方向。

（2）故障原因

a. 转向器方面的原因：
- 转向器缺乏润滑油。
- 转向轴弯曲或转向轴管凹陷碰擦，有时会发出"吱吱"的摩擦声。
- 转向摇臂与衬套配合间隙过小或无间隙。
- 转向器输入轴上下轴承过紧，或轴承损坏受阻。
- 转向器啮合间隙调整过小。

b. 转向传动机构的原因：
- 各处球销缺乏润滑油。
- 转向直拉杆和横拉杆上球头销调整过紧，压紧弹簧过硬或折断。
- 转向直拉杆或横拉杆弯曲变形。
- 转向节主销与衬套配合间隙过小，或衬套转动使油道堵塞，润滑油无法进入，使衬套与转向节主销烧蚀。
- 转向节推力轴承调整过紧或缺少润滑油或损坏。
- 转向节臂变形。

c. 前桥（转向桥）和车轮方面的原因：
- 前轴变形、扭转，引起前轮定位失准。
- 轮胎气压不足。
- 前轮轮毂轴承调整过紧。
- 转向桥或驱动桥超载。

d. 其他部位的原因：
- 车架弯曲、扭转变形。
- 前钢板弹簧或是前悬架变形。
- 前轮定位不正确。

（3）故障诊断与排除

顶起前桥，转动转向盘，若感到转向盘变轻，则说明故障部位在前桥、车轮或其他部位。此时，应首先检查轮胎气压，如气压偏低，则应充气使之达到正常值，接下来应用四轮定位仪检查前

轮定位，尤其应注意后倾角和前束值，如果是因为前束过大造成的转向沉重，同时还能发现轮胎有严重的磨损。

若转向仍感沉重，说明故障在转向器或转向传动机构，可进一步拆下转向摇臂与直拉杆的连接，此时若转向变轻，说明故障在转向传动机构，应检查各球头销是否装配过紧或推力轴承是否缺油损坏，各拉杆是否弯曲变形等，通常检查时，可用手扳动两个车轮左右转动察看各传动部分，并转动车轮检查车轮轴承松紧度。

拆下转向摇臂后，若转向仍沉重，则转向器本身有故障，可检查转向器是否缺油，转动转向盘时倾听有无转向轴与柱管的碰擦声，检查调整转向器输入轴上下轴承预紧度和啮合间隙，转向摇臂轴转动是否发卡等，如不能解决就将转向器解体检查内部有无部件损坏。

经过上述检查，如仍不见减轻，可检查车桥、车架或下控制臂（独立悬架式）与转向臂，看其有无变形，如发现变形，应予修整或更换。同时检查前弹簧（钢板弹簧或螺旋弹簧）看其是否折断，如折断应更换。

2. 低速摆头

（1）故障现象

汽车在低速行驶时，感到方向不稳，产生前轮摆振。

（2）故障原因

a. 转向器传动副啮合间隙过大。
b. 转向传动机构横、直拉杆各球头销磨损松旷、弹簧折断或调整过松。
c. 转向节主销与衬套的配合间隙过大或前轴主销孔与主销配合间隙过大。
d. 前轮轮毂轴承装配过松或紧固螺母松动。
e. 后轮胎气压过低。
f. 车辆装载货物超长，使前轮承载过小。
g. 前悬架弹簧错位、折断或固定不良。

（3）故障诊断与排除

a. 外观检查：
● 检查车辆是否装载货物超长，而引起前轮承载过小。
● 检查后轮胎气压是否过低，若轮胎气压过低，应充气使之达到规定值。
● 检查前悬架弹簧是否错位、折断或固定不良。若错位应拆卸修复；若折断应更换；若固定不良，应按规定力矩拧紧。

b. 检查转向盘自由行程：
● 由一人握紧转向摇臂，另一人转动转向盘试验，若自由行程过大，说明转向器啮合传动副间隙过大，应调整。

●放开转向摇臂，仍由一人转动转向盘，另一人在车下观察转向横拉杆球头销，若有松旷现象，说明球头销或球碗磨损过大、弹簧折断或调整过松，应先更换损坏的零件，再进行调整。

●通过以上检查均正常，可支起前桥，并用手沿转向节轴轴向推拉前轮，凭感觉判断是否松旷。若有松旷感觉，可由另一人观察前轴与转向节连接部位。

●若此处松旷，说明转向节主销与衬套的配合间隙过大或前轴主销孔与主销配合间隙过大，应更换主销及衬套。

●若此处不松旷，说明前轮毂轴承松旷，应重新调整轴承的预紧度。

3. 高速摆头

（1）故障现象

汽车行驶中出现转向盘发抖，车头在横向平面内左右摆动、行驶不稳等。有两种情况：
a. 在高速范围内某一转速时出现。
b. 转速越高，上述现象越严重。

（2）故障原因

a. 转向轮动不平衡。
b. 前轮定位不正确。
c. 车轮偏摆量大。
d. 转向传动机构运动干涉。
e. 车架、车桥变形。
f. 悬架装置出现故障：左右悬架刚度不等、弹簧折断、减振器失效、导向装置失效等。

（3）故障诊断与排除

a. 外观检查：
●检查减振器是否失效，若漏油或失效，应更换。
●检查左右悬架弹簧是否折断、刚度是否一致，若有折断或弹力减弱，应更换。
●检查悬架弹簧是否固定可靠，转向传动机构有无运动干涉等，若有应排除。
b. 支起驱动桥，用三角架塞住非驱动轮，起动发动机并逐步使汽车换入高速挡，使驱动轮达到车身摆振的车速。
●若此时车身和转向盘出现抖动，说明传动轴严重弯曲或松旷，转向轮动不平衡或偏摆量大（前驱动）。
●若此时车身和转向盘不抖动，说明故障在车架、车桥变形或前轮定位不正确。
c. 检查前轮是否偏摆：

●支起前桥,在前轮轮辋边上放一划针,慢慢地转动车轮,察看轮辋是否偏摆过大,若轮辋偏摆量过大,应更换。

●拆下前轮,在车轮动平衡仪上检查前轮的动平衡情况,若不平衡量过大,应加装平衡块予以平衡。

d.经上述检查均正常,应检查车架、车桥是否变形,并用前轮定位仪检查调整前轮定位。

4.行驶跑偏

(1) 故障现象

汽车直线行驶时,转向盘不居中间位置;必须紧握转向盘,预先校正一角度后,汽车才能保持直线行驶,若稍放松转向盘,汽车会自动向一侧跑偏。

(2) 故障原因

a.左、右前轮气压不相等或轮胎直径不等。
b.两前轮的定位角不等。
c.两前轮轮毂轴承的松紧度不等。
d.前束过大或过小。
e.前桥(整体式)弯曲变形或下控制臂(独立悬架式)安装位置不一致。
f.前、后车轴不平行。
g.车架变形或左、右轮距相差太大。
h.一边车轮制动拖滞。
i.转向轴两侧悬架弹簧弹力不等。

(3) 故障诊断与排除

a.外观检查:
●检查左、右两前轮轮胎气压是否一致,若不一致,应按规定充气,使两前轮轮胎气压保持一致。
●检查左、右两前轮轮胎的磨损程度,若磨损程度不一致,应更换轮胎。
●检查左、右两前轮轮胎的花纹是否一致,若花纹不一致,应更换轮胎,使花纹一致。
●将汽车停放在平坦的地面上,察看汽车前部高度是否一致,若高度不一致,说明悬架弹簧折断或弹力不一致,应更换。
b.用手触摸跑偏一方的车轮制动鼓和轮毂轴承部位,感觉温度情况。
●若感觉车轮制动鼓特别热,说明该轮制动器间隙过小或制动回位不彻底,应检查调整。
●若感觉轮毂特别热,说明该轮轴承过紧,应重新调整轴承预紧度。
c.测量前、后桥左右两端中心的距离是否相等,若不相等,说明轴距短的一边钢板弹簧错位,车轴或半轴套管弯曲等，应检查维修。

　　d.用四轮定位仪检查前轮定位是否正确，若不正确，应调整。

5. 单边转向不足

（1）故障现象

　　汽车转弯时，有时会出现转向盘左右转动量或车轮转角不等。

（2）故障原因

　　a. 转向摇臂安装位置不对。
　　b. 转向角限位螺钉调整不当。
　　c. 前钢板弹簧、U形螺栓松动，或中心螺栓松动。
　　d. 直拉杆弯曲变形。
　　e. 钢板弹簧安装时位置不正，或是中心不对称的前钢板弹簧装反。

（3）故障诊断与排除诊断

　　a. 若汽车转向原来良好，由于行驶中的碰撞而造成转向角不足或一边大一边小时，应检查直拉杆、前轴、前钢板弹簧有无变形和中心螺栓是否折断等现象。
　　b. 若维修后出现转角不足，可架起前桥，先检查转向摇臂安装是否正确。将转向盘从左边极限位置转到右边极限位置，记住总圈数，再回转总圈数的一半，察看转向轮是否处于直线行驶位置，如不是则应重新安装转向摇臂。
　　● 若左、右转向角不等，则应相应调整。
　　● 当前轮转向已靠到转向限位螺栓时，最大转向角还不够，则转向限位螺栓过长，应予调整或更换。
　　● 如前钢板弹簧中心不对称，则应检查是否装反。

七、液压式助力转向系统的故障诊断与排除

1. 转向沉重

（1）故障现象

　　装有液压助力转向系统的汽车，在行驶中突然感到转向沉重。

(2) 故障原因

一般是液压转向助力系统失效或助力不足所造成的，其根本原因在于油压不足，引起转向系统油压不足的主要原因有：

a. 储油罐缺油或油液高度低于规定要求。
b. 液压回路中渗入了空气。
c. 转向泵传动带过松或打滑。
d. 各油管接头处密封不良，有泄漏现象。
e. 油路堵塞或滤清器污物太多。
f. 转向泵磨损、内部泄漏严重。
g. 转向泵安全阀、溢流阀泄漏、弹簧弹力减弱或调整不当。
h. 液压缸或转向控制阀密封损坏。

(3) 故障诊断与排除检查转向泵驱动部分的情况

a. 用手压下转向泵的传动带，检查传动带的松紧度，若传动带过松，应调整。
b. 起动发动机，使发动机处于怠速运转，突然提高发动机的转速，检查转向泵传动带有无打滑现象，其他驱动形式的齿轮传动有无损坏，发现问题后应按规定更换性能不良的部件。
c. 检查储油罐内的油液质量和液面高度，若油液变质则应重新更换规定油液。若只是液面低于规定高度，应加油使油面达到规定位置。
d. 检查转向油液储油罐内的滤清器。
● 若发现滤网过脏，说明滤清器堵塞，应清洗。
● 若发现滤网破裂，说明滤清器损坏，应更换。
e. 检查油路中是否渗入空气，如果发现储油罐中的油液有气泡时，说明油路中有空气渗入，应检查各油管接头和接合面的螺栓是否松动，各密封件是否损坏，有无泄漏现象，油管是否破裂等。对于出现故障的部位应进行修整和更换，并进行排气操作，最后重新加入油液。
f. 检查各油管接头等处有无泄漏，油路中是否有堵塞，查明故障后按规定力矩拧紧有关接头或清除污物。
g. 对转向泵进行输出油压检查，如果转向泵输出压力不足，说明转向泵有故障，此时应分解转向泵，检查转向泵是否磨损或内部泄漏严重，安全阀、溢流阀是否泄漏或卡滞，弹簧弹力是否减弱或调整不当，各轴承是否烧结或严重磨损等。对于叶片泵还应检查转子上的密封环或油封是否损坏，对于齿轮泵应检查齿轮间隙是否过大等，查明故障予以修理，必要时更换转向泵。

2. 噪声

(1) 故障现象

汽车转向时，转向系统有不太大的噪声是正常现象，但当噪声过大或影响汽车的转向性能时，必须对转向系统进行检查，并排除故障。

（2）故障原因

a. 储油罐中液面太低，转向泵在工作时容易渗入空气。
b. 液压系统中渗入空气。
c. 储油罐滤网堵塞，或液压回路中有过多的沉积物。
d. 油管接头松动或油管破裂。
e. 转向泵严重磨损或损坏。
f. 转向控制阀性能不良。

（3）故障诊断与排除

a. 当转向盘处于极限位置或原地慢慢转动转向盘时，转向器发出"嘶嘶"声，如果这种异响严重则可能为转向控制阀性能不良，应更换转向控制阀。
b. 当转向泵发出"嘶嘶"声或尖叫声时，应进行以下检查：
● 检查储油罐液面高度，液面高度不够时应查明泄漏部位并修理，然后按规定加足油液。
● 检查转向泵传动带是否打滑，若打滑应查明原因，更换传动带或调整传动带张紧度。
● 察看油液中有无泡沫，若有泡沫，应查找漏气部位并予以修理，然后排除空气。若无漏气，则说明油路有堵塞处或转向泵严重磨损及损坏，应予以修复或更换。

3. 左、右轮转向轻重不同

（1）故障现象

汽车行驶时，向左和向右转向操纵力不相等。

（2）故障原因

a. 转向控制阀阀芯（或滑阀）偏离中间位置，或虽然在中间位置但与阀体槽肩的缝隙大小不一致。
b. 控制阀内有污物阻滞，使左、右转动阻力不同。
c. 液压系统中液压缸的某一油腔渗入空气。
d. 油路泄露。

（3）故障诊断与排除

这种故障多是油液脏污所致，应按规定更换新油后再进行检查。
a. 如果油质良好或更换新油后故障没有消除，应对液压系统进行排气并检查系统有无油液泄漏，液压系统中出现泄漏时，应更换泄漏部位的零部件。

b.如果故障仍不能排除，则可能是由于控制阀定中不良造成的。滑阀式转向控制阀可在动力转向器外部进行排除，通过改变转向控制阀阀体的位置来实现。如果滑阀位置调整后仍不见好转，应拆检滑阀测量其尺寸，若偏差较大，应更换滑阀；对于转阀式转向控制阀必须通过分解检查来排除故障。

4. 直线行驶转向盘发飘或跑偏

（1）故障现象

汽车直线行驶时，难以保持正前方向而总向一边跑偏。

（2）故障原因

a.油液脏污、转向控制阀回位弹簧折断或变软，使转向控制阀不能及时回位。
b.转向控制阀阀芯（或滑阀）偏离中间位置，或虽在中间位置但与阀体槽肩的缝隙大小不一致。
c.流量控制阀卡滞使转向泵流量过大或油压管路布置不合理，造成油压系统管路节流损失，使液压缸左、右腔压力差过大。

（3）故障诊断与排除

a.首先检查油液是否脏污。对于新车或大修以后的车辆，由于不认真执行走合维护的换油规定，使油液脏污。
b.对于使用较久的车辆则可能是转向控制阀回位弹簧失效所致，此时可在不起动发动机的情况下转动转向盘，凭手感判断控制阀是否开起运动自如，若有怀疑一般应拆卸检查。
c.最后检查转向泵流量控制阀是否卡滞和油压管路布置是否合理，发现故障予以修理。

5. 转向时转向盘发抖

（1）故障现象

发动机工作时转向，尤其是在原地转向时，转向盘抖动。

（2）故障原因

a.储油罐液面低。
b.油路中渗入空气。
c.转向泵传动带打滑。

d. 转向泵输出压力不足。
e. 转向泵流量控制阀卡滞。

（3）故障诊断与排除

a. 首先检查储油罐液面是否符合规定，否则按要求加注转向油液。
b. 排放油路中渗入的空气。
c. 检查转向泵传动带是否打滑或其他驱动形式的齿轮传动等有无损坏，发现问题后应按规定调整传动带张紧度或更换性能不良的部件。
d. 对转向泵输出压力进行检查。压力不足时应分解转向泵，检查转向泵是否磨损或内部泄漏严重、安全阀及流量控制阀是否泄漏或卡滞、弹簧弹力是否减弱或调整不当、各轴承是否烧结或严重磨损等。对于叶片式转向泵还应检查转子上的密封环或油封是否损坏。对于齿轮式转向泵应检查齿轮间隙是否过大等。查明故障予以修理，必要时更换转向泵。如果泵轴油封泄漏也应更换转向泵。

6. 转向盘回正不良

（1）故障现象

汽车完成转向后，转向盘不能回到中间行驶位置（直线行驶位置）。

（2）故障原因

a. 转向泵输出油压低。
b. 液压回路中渗入空气。
c. 回油软管扭曲阻塞。
d. 转向控制阀或转向液压缸发卡。
e. 转向控制阀定中不良。

（3）故障诊断与排除

a. 对液压系统进行排气操作，排气后按规定加足转向油液。
b. 检查转向泵输出油压，若油压不足应拆检转向泵，检查转向泵是否磨损或内部泄漏严重、安全阀及流量控制阀是否泄漏或卡滞、弹簧弹力是否减弱或调整不当、各轴承是否烧结或严重磨损等。查明故障予以修理。必要时更换转向泵。如果泵轴油封泄漏也应更换转向泵。
c. 检查回油软管是否阻塞，如有应更换回油软管。
d. 拆检转向控制阀或转向液压缸，查明故障原因，然后视情况进行修复，对于损坏的零件应更换。

八、转向系统常见故障案例

1. 案例一

（1）故障现象

一辆东风EQ1090汽车，两前轮轮胎不正常磨损。

（2）故障诊断

检查两前轮轮胎气压，正常。检查轮胎磨损特征，发现胎冠呈锯齿状，初步断定故障由前轮定位引起。测量前束，发现两前轮后端尺寸比前端尺寸小10mm，为负前束，与该车标准值不符。进一步检查发现横拉杆弯曲变形，估计是汽车与道路上的障碍物碰撞所致。由于横拉杆弯曲变形，引起前轮前束变化，从而造成轮胎不正常磨损。

（3）故障排除

拆下横拉杆，冷压校正后装车，重新调整好前轮前束值。

2. 案例二

（1）故障现象

一辆广州本田行车转向时，转动转向盘感到沉重费力。检查转向盘的转动力时，其值大于30N。

（2）故障分析排除

a. 检查储油罐是否缺油、转向油泵驱动皮带是否打滑，同时确认系统内有无空气。若是缺油或皮带打滑，转向助力泵皆不能正常工作而没有助力，若油中混有气体则由于气体具有可压缩性因而起不到助力作用。加满油或换油，更换清洁皮带，排气便可排除相应故障。

b. 检查转向油泵的压力。在压力控制阀和截流阀全开的情况下测量怠速时的静态油压应小于等于1500KPa。否则，检查动力转向器与动力转向油泵之间的进油和回油管路是否堵塞、老化或变形。若没问题，则说明转向器转阀有故障。

c. 如果检测的动力转向油泵的压力正常，则在压力控制阀和节流阀全闭的情况下，测量怠速时的油泵卸荷压力，应为7200～7800KPa。若压力过低，则检查流量控制阀与油泵总成是否正常。

d.如果上述检查均正常，则检查转向盘向左向右转动时的动力，两者的差值应小于等于2.9N。否则，应检查油缸管路是否变形或安装不当。若正常，则检查齿条轴是否变形、齿条导向螺塞调整是否过紧。若是也正常，则说明转向控制阀有故障。

　　e.如果左右两方向转向盘转动力差值正常，则应检查并调整齿条导向螺塞。若通过调整齿条导向螺塞不能消除上述故障，则应更换动力转向器；若齿条导向调整正常，则应检查动力转向装置以外的零部件是否有故障：

● 转向轴相关零部件卡滞、转动不自如；
● 转向万向节是否有故障；
● 各球头销装配过紧或缺油；
● 转向系统内机件相互干涉。

3. 案例三

（1）故障现象

一辆宝来乘用车，累计行驶20000km，高速行驶时出现前轮摆动现象。

（2）故障诊断与排除

左右转动转向盘，自由行程正常；进一步检查转向传动机构，未发现传动间隙过大的现象。据此，基本排除该现象由转向系故障引起。用千斤顶顶起车身前部，在转向轮离开地面的过程中，车轮底部明显向汽车垂直中心（向内）逐步移动。用手将车轮底部反复向内外扳动，发现前悬架下摆臂与发动机横梁处产生松旷。经查，该处衬套已严重磨损。该车前桥采用麦弗逊式独立悬架，此处磨损后产生过大的间隙，使车轮外倾角发生了变化。

排除：更换衬套，试车，故障排除。

4. 案例四

（1）故障现象

一辆上海桑塔纳2000GLI轿车累计行驶12.2万千米，发动机在急速运转时转向助力泵发出"嗡嗡"响声当左右转动转向盘时异响加重。

（2）故障诊断

经拆检已换的泵体未发现异常磨损。通过全面的目视检查发现液压管路、泵体及方向机无漏油现象，储液罐内液压油在上限与下限之间，传动带松紧适度，只是液压油呈黑色有变质现象。

通过试车发现左右转动转向盘转向加力正常，在行驶中转向稳定且灵活，未出现转向时跑偏、沉重等现象。

（3）故障排除

更换一个转向助力泵滤芯，并对转向液压系统进行彻底清洗，换上纯净的标准液压油试车发现故障彻底排除。

5. 案例五

（1）故障现象

上海大众 POLO 手动挡车，行驶里程为 32550km。该车在行驶过程中转向沉重，仪表板上的故障警告灯偶尔出现全部闪烁报警的现象。

（2）故障诊断与排除

首先试车，打开点火开关，仪表指示灯显示正常。起步后，发现转向沉重。行驶一段路程后发现仪表板上的动力转向故障指示灯点亮。连接汽车电脑解码器进入"辅助转向"系统读取故障码，显示01309辅助转向（J500）控制单元。清除故障码后着车发现仪表板上的故障警告灯全部闪烁报警，再次连接电脑解码器居然已经不能进入"辅助转向"系统。后来利用电脑解码器进入发动机系统进行检测，结果显示"系统正常"。进入车载网络控制单元后，发现了2个故障码：01312动力系统数据总线；01760辅助转向控制单元（J500）无通讯。进入网关（J533）数据总线，也检测到了2个相同的故障码。

查阅维修手册结合电路图检查了辅助转向控制单元电路及线路，均正常。接下来检查网关J533。因网关J533与车载网络控制单元J519是一体的，只能更换车载网络控制单元J519，替换后，故障依旧存在。根据前面所检测到的故障码的提示，该故障也可能与转向助力控制单元有关。于是将转向助力控制单元J500上的插头拔下，并观察仪表板，结果发现除了转向助力报警灯点亮外，其余的报警灯都熄灭了。至此，发现故障，将转向助力控制单元更换后，汽车电脑解码器对辅助转向控制单元编码后，故障排除。

6. 案例六

（1）故障现象

一辆哈佛H6行驶中驾驶人向左、向右转动转向盘时，感到沉重费力，无回正感；当汽车低速转弯行驶和掉头时，转动转向盘感到超乎正常地沉重，甚至打不动。

（2）故障原因

　　a. 转向器轴承装配过紧。
　　b. 传动副啮合间隙过小。
　　c. 横、直拉杆球头销装配过紧或接头缺油。
　　d. 转向节主销与衬套配合过紧。
　　e. 转向轴或柱管弯曲，互相摩擦或卡住。
　　f. 转向装置润滑不良。
　　g. 前束调整不当。

（3）故障诊断

　　a. 拆下转向臂，转动转向盘，如感觉沉重则应调整轴承松紧度和传动副啮合间隙。若有松紧不均或卡住现象，则应拆下转向轴检查传动副及轴承有无损坏，转向轴与柱管有无摩擦或卡住现象，必要时进行修理或更换。
　　b. 转动转向盘时，如感到轻松，则故障在传动机构，应顶起前轴，并用手左、右扳动前轮。如过紧，应检查转向节主销与衬套，推力轴承和直、横拉杆球头销配合是否过紧，润滑是否良好，必要时进行调整和润滑。
　　c. 若上述情况均正常良好，则应检查前轴和车架是否变形，前束是否符合标准，必要时调整前束。

7. 案例七

（1）故障现象

　　一辆行驶里程约16万千米，搭载2.4L"Theta"发动机和4挡手自一体变速器的2005年北京现代御翔轿车。用户反映：该车行驶过程中突然感觉转向变得沉重，但并不是完全没有转向助力的感觉。

（2）故障诊断与排除

　　接车后，首先对转向助力泵传动带、悬架等进行初步检查，并未发现任何异常，转向机也没有出现漏油。估计故障是转向助力泵造成的，正好配件库中有故障车同型号的转向助力泵，于是就尝试对转向助力泵进行更换，之后试车故障依旧，这样就排除了转向助力泵的原因。
　　该车型配备有机械式液压助力转向系统，助力转向系统控制单元根据检测到的车速数字脉冲信号控制助力转向系统电磁阀（控制转向的驱动力）的电流大小，从而控制转向机的进油量。当车速快时，转向机进油量少。当车速较慢或原地打转向时，转向机油量增多，从而使转向盘更加轻便。

根据该车型助力转向系统电路图可以看出，如图2-36所示，电源是由助力转向系统控制单元的4号脚（IG2）提供。助力转向系统控制单元检测4号脚（IG2）的电压变化，以防止由于电压过高造成助力转向系统控制单元损坏。

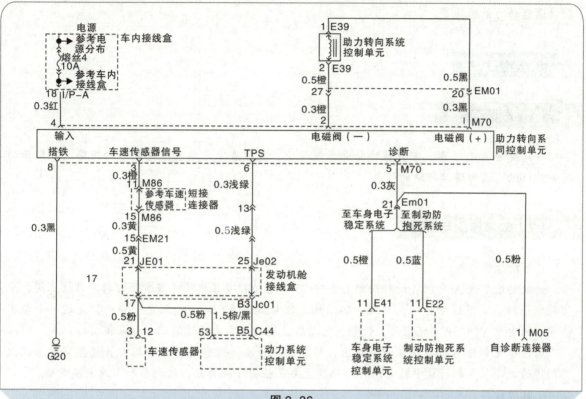

图2-36

对助力转向系统控制单元的电源线路进行检查。拔下助力转向系统控制单元插接器后起动车辆，在车辆怠速2min后，测量助力气转向系统控制单元插接器的4号脚（IG2）的电压为13V左右。在关闭点火开关的情况下，测量助力转向系统控制单元插接器的4号脚（IG2）的电压为12V。这样，就可以说明助力转向系统控制单元电源线路没有异常。

之后对搭铁线路进行检查。关闭点火开关后，测量助力转向系统控制单元插接器的8号脚与搭铁之间的电阻为0Ω，说明搭铁线路也没异常。而通过对该车辆的车速传感器数据流进行观察，数据显示正常，说明车速传感器也没有异常。拔下助力转向系统电磁阀的插接器，撕开点火开关至ON位置后，测量助力转向系统电磁阀1号脚的电压为0V，而正常情况下，此时的电压应为12V。

也就是说，此时助力转向系统控制单元并未提供给助力转向系统电磁阀12V的电源，助力转向系统电磁阀不能正常工作。故障点已经基本显现，可能是助力转向系统控制单元自身的原因或助力转向系统控制单元到转向系统电磁阀之间的线路断路造成的。

用万用表测量助力转向系统控制单元到助力转向系统电磁阀之间的线路，没有发现异常，说明是助力转向系统控制单元自身存在的故障。为了进一步确认是助力转向系统控制单元自身存在故障，尝试用蓄电池直接给助力转向系统电磁阀供电，起动车辆后，转向立刻回到以前轻松的感觉，至此可以正式判定助力转向系统控制单元自身存在故障。

更换助力转向系统控制单元，并进行匹配后，故障排除。

当车辆的机械式液压助力转向系统出现故障时，车辆的转向系统就会转换成像普通转向系统那样工作。助力转向系统根据输入的传感器信号，控制助力转向系统电磁阀的电流，从而控制转向器动力缸的油量。

8. 案例八

（1）故障现象

一辆奥迪 A6L 轿车，客户报修转向系统沉重，且仪表上方向盘红色指示灯报警、并提示转向系统故障、请勿继续行驶的信息。

（2）故障诊断与排除

a. 结构原理简析：

新款奥迪 7 代 A6L 配备的转向助力系统与 6 代 A6L 液压机械式随速助力转向系统不同，采用纯电子机械式随速助力转向系统，其结构原理与奥迪 A7 Sportback 是一样的，通过一个与齿条同心的电机 V187 来实现驱动，齿条、电动机、传动机构是通过滚珠丝杠来驱动的。

电控单元和传感器集成在转向机上，结构小巧紧凑、能有效降低油耗、并能按实际工况改变助力的大小，车辆行驶中转向助力的强度主要是根据转向力矩、转向角和车速来确定的。

b. 故障诊断：

使用解码器读取故障，VAS5054 调取故障码，如图 2-37 所示。

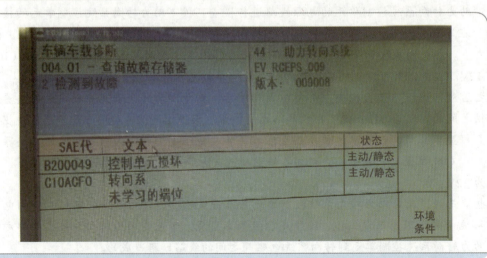

图 2-37

因为转向系统的力矩传感器、位置传感器、电动机、控制单元与方向机机械集成一体，上述元件即使出现单个故障点，也不可单独更换，如有故障，则需更换方向机总成。

根据故障码推测：控制单元损坏与J500有关，端位未学习与位置传感器故障有关，或学习数据丢失，但仪表显示红色警示灯，说明系统是真正存在故障的，必须检修或更换，也就是说即使端位学习有故障，最多亮起黄色警示灯，所以第二个故障码并不重要，重要的是第一个故障码：控制单元损坏。

因为VAS5054可以进入地址码44实施诊断，且J500能够存储故障记录，线路出问题可能性几乎为零，即便如此，还是需要检查相关控制线路，结果没有出现故障。

初步确定，故障出在助力控制单元J500上，所以需更换方向机总成。

重新换上新的方向机总成，并重新编码，试车故障排除。

课题二 汽车转向系统

思考与练习

一、填空题

1. 转向系由_____、_____、_____、_____等组成。
2. 汽车转向系统按转向动力源的不同，可分为_____和_____两种。
3. 循环球式转向器由_____、_____、_____、_____四个主要零件组成。
4. 转向系统是由_____、_____、_____三大部分组成。
5. 动力转向系主要由_____、_____、_____组成。
6. 汽车转向系的功用是_____和_____汽车的行驶方向。
7. 转向盘在空转阶段的_____称为转向盘的自由行程。
8. 机械式转向系统由_____、_____、_____三大部分组成。
9. 转向操纵机构一般由_____、_____、_____、_____和_____组成。
10. 转向盘是由_____、_____、_____和_____组成。
11. 齿轮齿条式转向器主要由_____、_____、_____、_____等组成。
12. 循环球式转向器主要由_____、_____、_____以及_____等部件组成。
13. 转向泵由_____、_____、_____三种类型。
14. EPS 主要由_____、_____、_____、_____和_____等组成。
15. 双作用卸荷式叶片泵由_____、_____、_____、_____组成。

二、判断题

1. 汽车转向时，内侧转向轮的偏转角小于外侧车轮的偏转角。（ ）
2. 转向系角传动比越大，转向越省力，越灵敏，所以转向系角传动比应越大越好。（ ）
3. 可逆式转向器的正逆效率都高，但在不平路面上行驶时易出现转向盘"打手"现象。（ ）
4. 调整转向器传动副的啮合间隙，可以调整转向盘自由行程。（ ）
5. 转向纵拉杆上的两个弹簧都应安装在各自球头销的同一侧。（ ）
6. 转向横拉杆两端螺纹的旋向不同是为了拆装方便。（ ）
7. 常流式动力转向器中的反作用柱塞是用来使驾驶员对道路有"路感"作用。（ ）
8. 循环球式转向器中的转向螺母既是第一级传动副的主动件，又是第二级传动副的从动件。（ ）
9. 循环球式转向器中的螺杆—螺母传动副的螺纹是直接接触的。（ ）

三、选择题

1. 转向盘出现"打手"现象，主要是（ ）。
   A. 方向盘自由行程小　　B. 方向盘自由行程大　　C. 车速太高
2. 在动力转向系中，转向所需的能源来源于（ ）。
   A. 驾驶员的体能　　B. 发动机动力　　C. A、B 均有　　D. A、B 均没有

3. 循环球式转向器中的转向螺母可以（　　）。
   A. 转动　　　　　　　B. 轴向移动
   C. A、B 均可　　　　 D. A、B 均不可

4. 采用齿轮、齿条式转向器时，不需（　　），所以结构简单。
   A. 转向节臂　　　　　B. 转向摇臂
   C. 转向直拉杆　　　　D. 转向横拉杆

5. 造成汽车转向沉重的原因是（　　）。
   A. 齿条与齿扇的啮合间隙过大
   B. 齿条与齿扇的啮合间隙过小
   C. 转向螺杆的轴承预紧度太小

6. 解放 CA1092 型汽车采用的循环球式转向器转向螺杆的轴承预紧度是通过（　　）进行调整。
   A. 侧盖上的调整螺钉
   B. 底盖与壳体间的调整垫片
   C. 两者均可

7. 调整转向器啮合间隙时，转向器应处于（　　）位置。
   A. 中间啮合　　　　　B. 两端啮合　　　　　C. 任意位置

8. 转向轮的偏转角过大，会引起（　　）。
   A. 转向失灵　　　　　B. 汽车的机动性差　　　C. 碰撞翼子板和转向传动机构

9. 汽车转向时，其内轮转角（　　）外轮转角。
   A. 大于　　　　　　　B. 等于　　　　　　　C. 小于

10. 机械式转向系角传动比减小，则转向操纵力（　　）。
    A. 增大　　　　　　　B. 不变　　　　　　　C. 减小

四、问答题

1. 什么是转向盘的自由行程？为什么转向盘会留有自由行程？自由行程过大或过小对汽车转向操纵性能会有何影响？一般范围应是多少？

2. 转向摇臂与摇臂轴相互连接时有无相对位置的要求？为什么？

课题三 汽车制动系统

[学习任务]

1. 掌握制动系统作用、类型及组成部分。
2. 掌握鼓式制动器的工作原理。
3. 掌握盘式制动器的类型及工作原理。
4. 掌握ABS制动器的工作原理。

[技能要求]

1. 正确拆装、调整和检修鼓式制动器。
2. 学会制动鼓与制动盘的检查。
3. 驻车制动器的性能检查。
4. 掌握ABS制动系统的结构和工作原理。

任务一 制动系统的概述

一、制动系统的作用

制动系统是汽车上用以使外界（主要是路面）在汽车某些部分（主要是车轮）施加一定的力，从而对其进行一定程度的强制制动的一系列专门装置。制动系统作用是：使行驶中的汽车按照驾驶员的要求进行强制减速甚至停车；使已停驶的汽车在各种道路条件下（包括在坡道上）稳定驻车；使下坡行驶的汽车速度保持稳定。对汽车起制动作用的只能是作用在汽车上且方向与汽车行驶方向相反的外力，而这些外力的大小都是随机的、不可控制的，因此汽车上必须装设一系列专门装置以实现上述功能。

二、制动系统的分类

1. 按功用分类

a. 行车制动系统——是由驾驶员用脚来操纵的，故又称脚制动系统。它的功用是使正在行驶中的汽车减速或在最短的距离内停车。

b. 驻车制动系统——是由驾驶员用手来操纵的，故又称手制动系统。它的功用是使已经停在各种路面上的汽车驻留原地不动。

c. 第二制动系统——在行车制动系统失效的情况下，保证汽车仍能实现减速或停车的一套装置，也叫应急制动系统。在许多国家的制动法规中规定，第二制动系统也是汽车必须具备的。

d. 辅助制动系统——经常在山区行驶的汽车以及某些特殊用途的汽车，为了提高行车的安全性和减轻行车制动系统性能的衰退及制动器的磨损，用以在下坡时稳定车速。

2. 按制动能量传输分类

制动系统可分为机械式、液压式、气压式、电磁式等。同时采用两种以上传能方式的制动系统称为组合式制动系统。

3. 按回路多少分类

制动系统可分为单回路制动系统和双回路制动系统。

4. 按能源分类

a. 人力制动系统——以驾驶员的肌体作为唯一的制动能源的制动系统。

b. 动力制动系统——完全靠由发动机的动力转化而成的气压或液压形式的势能进行制动的制动系统。

c. 伺服制动系统——兼用人力和发动机动力进行制动的制动系统。

三、制动系统的基本功能

a. 汽车紧急制动时，在尽可能短的距离内将车速降为零。

b. 汽车下长坡时，将车速限制在一定安全值内，并保持稳定。

c. 汽车在坡道驻停时，应使汽车可靠地驻留在原地不动。

目前，防抱死制动系统（ABS）和电子稳定程序（ESP）正逐渐在汽车的制动系统中得到广泛的应用。采用防抱死制动系统装置和电子稳定程序可防止汽车车轮抱死，从而能够使整车最大限度地保持操纵稳定性。因此，制动时既保证了前轮的转向性能，又保证了后轮不产生侧滑，能使汽车在充分利用路面附着系数状况下制动。在附着系数较低的路面上，如湿路面和冰雪路面，相比未装 ABS、ESP 系统制动距离及车辆的稳定性都有了明显改善。

四、制动系统的组成

汽车制动系统由制动踏板、手刹线、真空助力器、制动总泵、制动油管、盘式制动器（制动片、制动分泵、制动盘）、鼓式制动器（制动分泵、制动蹄片）等组成，如图3-1所示为制动系统结构示意图。

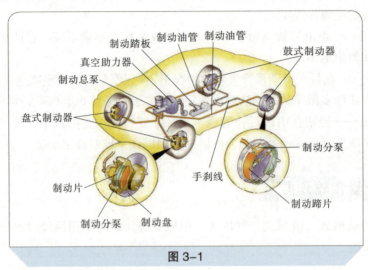

图 3-1

汽车上设置有彼此独立的制动系统，它们起作用的时刻不同，但它们的组成却是相似的。它们一般由以下几个组成部分：

供能装置：包括供给、调节制动所需能量以及改善传动介质状态的各种部件。
控制装置：产生制动动作和控制制动效果各种部件，如制动踏板。
传动装置：包括将制动能量传输到制动器的各个部件，如制动主缸、轮缸。
制动器：产生阻碍车辆运动或运动趋势的部件。
制动系统一般由制动操纵机构和制动器两个主要部分组成。

1. 制动操纵机构

产生制动动作、控制制动效果并将制动能量传输到制动器的各个部件。

2. 制动器

产生阻碍车辆的运动或运动趋势的力（制动力）的部件。汽车上常用的制动器都是利用固定元件与旋转元件工作表面的摩擦而产生制动力矩，称为摩擦制动器。它有鼓式制动器和盘式制动器两种结构型式。

五、制动系统的基本要求

为了保证汽车行驶安全，发挥高速行驶的能力，制动系统必须满足下列要求：

a. 制动效能好。评价汽车制动效能的指标有：制动距离、制动减速度、制动时间。

b. 操纵轻便，制动时的方向稳定性好。制动时，前后车轮制动力分配合理，左右车轮上的制动力应基本相等，以免汽车制动时发生跑偏和侧滑。

c. 制动平顺性好。制动时应柔和、平稳；解除时应迅速、彻底。

d. 散热性好，调整方便。这要求制动蹄摩擦片抗高温能力强，潮湿后恢复能力快，磨损后间隙能够调整，并能够防尘、防油。

e. 带挂车时，能使挂车先于主车产生制动，后于主车解除制动；挂车自行脱挂时能自行进行制动。

六、汽车制动系统的工作原理

1. 制动系统的基本结构

制动系统主要由车轮制动器、液压传动和气压传动机构组成。

车轮制动器主要由旋转部分、固定部分和调整机构组成。旋转部分是制动鼓，固定部分包括制动蹄和制动底板，调整机构由偏心支承销和调整凸轮组成用于调整蹄鼓间隙。

液压制动传动机构主要由制动踏板、推杆、制动主缸、制动轮缸和管路组成。

气压制动传动机构主要由制动踏板、推杆、制动总阀、空气干燥器、四回路保护阀、制动气室和管路等组成。

2. 制动工作原理

制动系统的一般工作原理是，利用与车身（或车架）相连的非旋转元件和与车轮（或传动轴）相连的旋转元件之间的相互摩擦来阻止车轮的转动或转动的趋势。

（1）制动系统不工作时

蹄鼓间有间隙，车轮和制动鼓可自由旋转。

（2）制动时

要汽车减速，脚踏下制动器踏板通过推杆和主缸，使主缸油液在一定压力下流入轮缸，并通过两轮缸活塞推使制动蹄绕支承销转动，上端向两边分开而以其摩擦片压紧在制动鼓的内圆面上。不转的制动蹄对旋转制动鼓产生摩擦力矩，从而产生制动力。

（3）解除制动

当放开制动踏板时回位即将制动蹄拉回原位，制动力消失。

3. 制动主缸的结构及工作过程

制动主缸的作用是将自外界输入的机械能转换成液压能，从而液压能通过管路再输给制动轮缸。制动主缸分单腔和双腔式两种，分别用于单、双回路液压制动系统。

（1）单腔式制动主缸

① 制动系统不工作时

不制动时，主缸活塞位于补偿孔、回油孔之间。

② 制动时

制动系统活塞左移，油压升高，进而车轮制动。

③ 解除制动

撤除踏板力，回位弹簧作用，活塞回位，油液回流，制动解除。

（2）双腔式制动主缸

① 结构

如一汽奥迪轿车双回路液压制动系统中的串联式双腔制动主缸，主缸有两腔：第一腔与右前、左后制动器相连；第二腔与左前、右后制动器相通。

每套管路和工作腔又分别通过补偿孔和回油孔与储油罐相通。第二活塞由右端弹簧保持在正确的初始位置，使补偿孔和进油孔与缸内相通。第一活塞在左端弹簧作用下，压靠在套上，使其处于补偿孔和回油孔之间的位置。

② 工作原理

制动时，第一活塞左移，油压升高，克服弹力将制动液送入右前、左后制动回路；同时又推动第二活塞，使第二腔液压升高，进而两轮制动。

解除制动时，活塞在弹簧作用下回位，液压油自轮缸和管路中流回制动主缸。如活塞回位迅速，工作腔内容积也迅速扩大，使油压迅速降低。储液罐里的油液可经进油孔和活塞上面的小孔推开密封圈流入工作腔。当活塞完全回位时，补偿孔打开，工作腔内多余的油由补偿孔流回储液罐。若液压系统由于漏油，以及由于温度变化引起主缸工作腔、管路、轮缸中油液的膨胀或收缩，都可以通过补偿孔进行调节。

（3）制动轮缸的结构及工作过程

制动轮缸的功用：是将液力转变为机械推力。有单活塞和双活塞两种。

① 结构

奥迪的双活塞式轮缸体内有两活塞和两皮碗，弹簧使皮碗、活塞、制动蹄紧密接触。

② 工作过程

制动时，液压油进入两活塞间油腔，进而推动制动蹄张开，实现制动。轮缸缸体上有放气螺栓，以保证制动灵敏可靠。

任务二　车轮制动器

目前，汽车所用的制动器几乎都是摩擦式的，可分为鼓式和盘式两大类。鼓式制动器摩擦副中的旋转元件为制动鼓，其工作表面为圆柱面；盘式制动器的旋转元件则为旋转的制动盘，以端面为工作表面。

鼓式制动器根据其结构都不同，又分为：双向自增力蹄式制动器、双领蹄式制动器、领从蹄式制动器、双从蹄式制动器。其制动效能依次降低，最低是盘式制动器；但制动效能稳定性却是依次增高，盘式制动器最高。也正是因为这个原因，盘式制动器被普遍使用。但由于为了提高其制动效能而必须加制动增力系统，使其造价较高，故低端车一般还是使用前盘后鼓式制动器。

一、盘式制动器

盘式制动器摩擦副中的旋转元件是以端面工作的金属圆盘，称为制动盘。摩擦元件从两侧夹紧制动盘而产生制动。固定元件则有多种结构形式，大体上可将盘式制动器分为钳盘式和全盘式两类。

液压型盘式制动器，由液压控制，主要零部件有制动盘、分泵、制动钳、油管等，如图3-2所示。盘式制动器散热快、重量轻、构造简单、调整方便。特别是高负载时耐高温性能好，制动效果稳定，而且不怕泥水侵袭，能在冬季和恶劣路况下行车。很多轿车采用的盘式制动器有平面式制动盘、打孔式制动盘以及划线式制动盘，其中划线式制动盘的制动效果和通风散热能力均比较好。

盘式制动器沿制动盘向施力，制动轴不受弯矩，径向尺寸小。

课题三 汽车制动系统

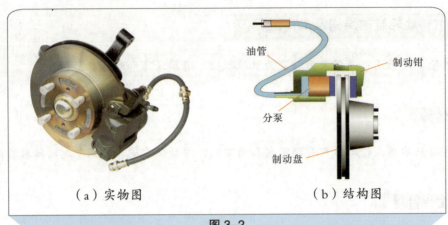

（a）实物图　　　　　　（b）结构图

图 3-2

1. 盘式制动器的主要组成

（1）制动盘

① 制动盘直径

制动盘直径应尽可能取大些，这时制动盘的有效半径得到增加，可以降低制动钳的夹紧力，减少衬块的单位压力和工作温度。受轮辋直径的限制，制动盘的直径通常选择为轮辋直径的 70%～79%。总质量大于 2t 的汽车应取上限。

② 制动盘厚度

制动盘厚度对制动盘质量和工作时的温升有影响。为使质量小些，制动盘厚度不宜取得很大；为了降低温度，制动盘厚度又不宜取得过小。制动盘可以做成实心的，或者为了散热通风的需要在制动盘中间铸出通风孔道。一般实心制动盘厚度可取为 10～20mm，通风式制动盘厚度取为 20～50mm，采用较多的是 20～30mm。在高速运动下紧急制动，制动盘会形成热变形，产生颤抖。为提高制动盘摩擦面的散热性能，大多把制动盘做成中间空洞的通风式制动盘，这样可使制动盘温度降低 20%～30%。

（2）摩擦衬块

摩擦衬块是指钳夹活塞推动挤压在制动盘上的摩擦材料。摩擦衬块分为摩擦材料和底板，两者直接压嵌在一起。

摩擦衬块外半径只与内半径有关，推荐摩擦衬块外半径与内半径的比值不大于 1.5。若此比值偏大，工作时衬块的外缘与内侧圆周速度相差较多，磨损不均匀，接触面积减少，最终导致制动力矩变化大。

制动盘用合金钢制造并固定在车轮上，随车轮转动。分泵固定在制动器的底板上固定不动，制动钳上的两个摩擦片分别装在制动盘的两侧，分泵的活塞受油管输送来的液压作用，推动摩擦片压向制动盘发生摩擦制动，动作起来就好像用钳子钳住旋转中的盘子，迫使它停下来一样。

2. 钳盘式制动器

在钳盘式制动器中，由工作面积不大的摩擦块与其金属背板组成制动块。每个制动器中一般有2～4块。这些制动块及其促动装置都装在横跨制动盘两侧的夹钳形支架中，称为制动钳。钳盘式制动器散热能力强，热稳定性好，故广泛应用于大多数轿车和轻型货车上。

钳盘式制动器按制动钳的结构型式可分为定钳盘式和浮钳盘式两种。

（1）定钳盘式制动器

如图3-3所示为定钳盘式制动器的结构示意图。制动盘固定在轮毂上，制动钳固定在车桥上，既不能旋转也不能沿制动盘轴向移动。制动钳内装有两个制动轮缸活塞，分别压住制动盘两侧的制动块。当驾驶员踩下制动踏板使汽车制动时，来自制动主缸的制动液被压入制动轮缸，制动轮缸的液压上升，两轮缸活塞在液压作用下移向制动盘，将制动块压靠到制动盘上，制动块夹紧制动盘，产生阻止车轮转动的摩擦力矩，实现制动。

（2）浮钳盘式制动器

浮钳盘式制动器的制动钳是浮动的，可以相对于制动盘轴向移动。如图3-4所示为浮钳盘式制动器的结构示意图。

在制动盘的内侧设有液压油缸，外侧的固定制动块附装在钳体上。制动时，制动液被压入油缸中，在液压作用下活塞向左移动，推动活动制动块也向左移动并压靠到制动盘上，于是制动盘给活塞一个向右的反作用力，使活塞连同制动钳体整体沿导向销向右移动，直到制动盘左侧的固定制动块也压到制动盘上。这时两侧制动块都压在制动盘上，制动块夹紧制动盘，产生阻止车轮转动的摩擦力矩，实现制动。

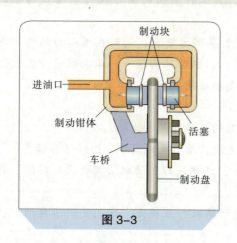

图3-3

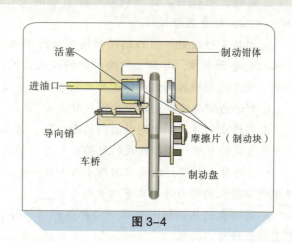

图3-4

3. 全盘式制动器

如图 3-5 所示为全盘式制动器的结构示意图。

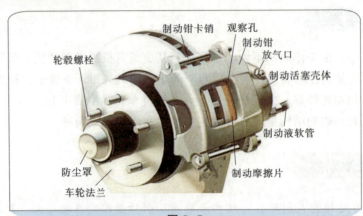

图 3-5

在重型载货汽车上，要求有更大的制动力，为此采用全盘式制动器。全盘式制动器摩擦副的固定元件和旋转元件都是圆盘形的，分别称为固定盘和旋转盘。制动盘的全部工作面可同时与摩擦片接触，其结构原理与摩擦离合器相似。

4. 盘式制动器的优点与缺点

（1）优点

一般无摩擦助势作用，因而制动器效能受摩擦系数的影响较小，即制动效能较稳定；浸水后效能降低较少，但只需经一两次制动即可恢复正常；在输出制动力矩相同的情况下，尺寸和质量一般较小；制动盘沿厚度方向的热膨胀量极小，不会像制动鼓的热膨胀那样使制动器间隙明显增加而导致制动踏板行程过大；较容易实现间隙自动调整，其他保养修理作业也较简便。

a. 热稳定性较好。因为制动摩擦衬块的尺寸不长，其工作表面的面积仅为制动盘面积的 6%～12%，故散热性较好。

b. 水稳定性较好。因为制动衬块对盘的单位压力高，易将水挤出，同时在离心力的作用下沾水后也易于甩掉，再加上衬块对盘的擦拭作用，因而，出水后只需经一、二次制动即能恢复正常；而鼓式制动器则需经过十余次制动方能恢复正常制动效能。

c. 制动力矩与汽车前进和后退行驶无关。

d. 在输出同样大小的制动力矩的条件下，盘式制动器的质量和尺寸比鼓式要小。

e. 盘式的摩擦衬块比鼓式的摩擦衬片在磨损后更易更换，结构也较简单，维修保养容易。

f. 制动盘与摩擦衬块间的间隙小（0.05～0.15mm），这就缩短了油缸活塞的操作时间，并使制动驱动机构的力传动比有增大的可能。

g. 制动盘的热膨胀不会像制动鼓热膨胀那样引起制动踏板行程损失，这也使间隙自动调整装置的设计可以简化。

(2) 缺点

盘式制动器有自己的缺陷。例如对制动器和制动管路的制造要求较高，摩擦片的耗损量较大，成本高，而且由于摩擦片的面积小，相对摩擦的工作面也较小，需要的制动液压高，必须要有助力装置的车辆才能使用，故用于液压制动系统时所需制动促动管路压力较高，一般要用伺服装置。

制动比较粗暴。两个粘有摩擦衬面的摩擦盘能在花键轴上来回滑动，是制动器的旋转部分。当制动时，能在极短时间使车辆停止。再加上压盘上球槽的倾斜角不可能无限大，所以制动不平顺。

二、鼓式车轮制动器

鼓式制动器是利用制动传动机构使制动蹄将制动摩擦片压紧在制动鼓内侧，从而产生制动力。如见图3-6所示，鼓式制动器一般由制动轮缸、制动蹄、回位弹簧、固定弹簧、支承销、摩擦片、制动鼓等组成。

鼓式制动器也叫块式制动器，是靠制动块在制动轮上压紧来实现刹车的。鼓式制动是早期设计的制动系统，其刹车鼓的设计1902年就已经使用在马车上了，直到1920年左右才开始在汽车工业广泛应用。鼓式制动器的主流是内张式，它的制动块（刹车蹄）位于制动轮内侧，在刹车的时候制动块向外张开，摩擦制动轮的内侧，达到刹车的目的。近三十年中，鼓式制动器在轿车领域上已经逐步退出让位给盘式制动器。但由于成本比较低，仍然在一些经济类轿车中使用，主要用于制动负荷比较小的后轮和驻车制动。

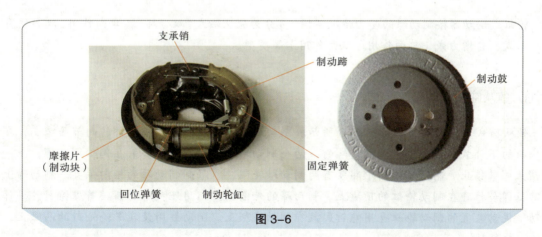

图3-6

1. 鼓式制动器的分类与组成

（1）按制动蹄运动方向分类

鼓式制动器是利用制动蹄片挤压制动鼓而获得制动力的，可分为内张式和外束式两种。内张鼓式制动器是以制动鼓的内圆柱面为工作表面,在现代汽车上广泛使用;外束鼓式制动器则是以制动鼓的外圆柱面为工作表面,目前只用作极少数汽车的驻车制动器。

(2)按促动装置分类

鼓式制动器根据制动蹄张开装置(也称促动装置)形式的不同,可分为轮缸式制动器和凸轮式制动器,如图3-7所示。轮缸式制动器以液压制动轮缸作为制动蹄促动装置,多为液压制动系统所采用;凸轮式制动器以凸轮作为促动装置,多为气压制动系统所采用。

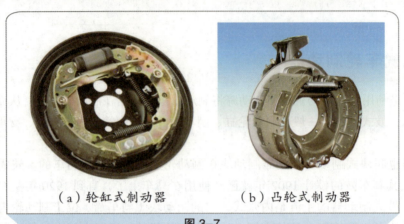

(a)轮缸式制动器　　　　(b)凸轮式制动器

图 3-7

(3)按制动蹄受力分类

轮缸式制动器按制动蹄的受力情况不同,可分为领从蹄式、双领蹄式(单向作用、双向作用)、双从蹄式、自增力式(单向作用、双向作用)等类型。

① 领从蹄式制动器

领从蹄式制动器的结构如图3-8所示。制动底板固定在后桥壳或前桥转向节凸缘上,在制动底板的下部装有两个偏心的调整螺钉,两个制动蹄的下端有孔,套装在偏心调整螺钉上,并用锁止螺母锁止。制动底板的中部装有两制动蹄托架,以限制制动蹄的轴向位置。制动蹄上端用回位弹簧拉靠在制动轮缸的顶块上。制动蹄的外圆面上,用埋头螺钉铆接着摩擦衬片。作为制动蹄促动装置的制动轮缸也用螺钉固装在制动底板上。制动鼓固装在车轮轮毂的凸缘上,随车轮一起转动。

领从蹄式制动器制动效能比较稳定,结构简单可靠,便于安装,广泛用作货车的前、后轮制动器和轿车的后轮制动器。

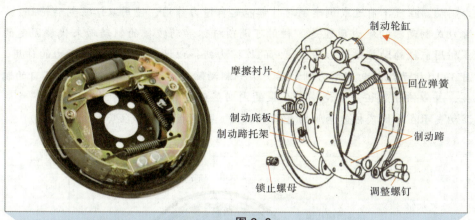

图 3-8

② 双领蹄式制动器

在制动鼓正向旋转时，双领蹄式制动器的两制动蹄均为领蹄的制动器称为双领蹄制动器。

两制动蹄各用一个单活塞式制动轮缸促动，且两套制动蹄、制动轮缸、支承销和调整凸轮等在制动底板上的布置是中心对称的，以代替领从蹄式制动器中的轴对称布置。等直径的两个制动轮缸可借油管连通，使其中油压相等。这样，在汽车前进时，两制动蹄均为领蹄；但在倒车时，两制动蹄均变为从蹄。由此可见，这种双领蹄式制动器具有单向作用，在前进时制动效能好，倒车时制动效能大大下降，且不便安装驻车制动器，故一般不用作后轮制动器；但两制动蹄片受力相同，磨损均匀，且制动蹄片作用于制动鼓的力量是平衡的，即单向作用双领蹄制动器属于平衡式制动器。

如果能使单向作用双领蹄制动器的两制动蹄的支承销和促动力作用点位置互换，那么在倒车制动时就可以得到与前进制动时相同的制动效果。双向作用双领蹄制动器的设计就是基于此设想，该类制动器的制动蹄在制动鼓正、反向旋转时均为领蹄，如图 3-9 所示。

若将装有双领蹄制动器的汽车左、右两侧车轮制动器对调安装，便成为在制动鼓正向旋转时两制动蹄均为从蹄的双从蹄式制动器。显然，双从蹄式制动器前进时制动效能低于领从蹄式制动器和双领蹄式制动器，但其制动效能对摩擦因数变化的敏感程度较小，即具有良好的制动效能稳定性，只在少数保证制动可靠性的高级轿车上采用。

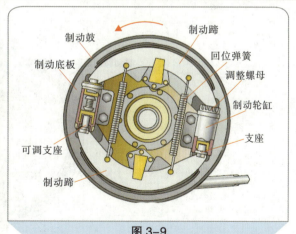

图 3-9

③ 自增力式制动器

自增力式制动器可分为单向自增力式和双向自增力式两种，在结构上只是制动轮缸中的活塞数目不同而已。单向自增力制动器只在汽车前进时起自增力作用，使用单活塞制动轮缸；双向自增力制动器在汽车前进或倒车制动时都能起自增力作用,使用双活塞制动轮缸。

自增力式制动器的增力原理是:利用可调顶杆体浮动铰接的制动蹄来代替固定的偏心销式制动蹄,利用前蹄的助势推动后蹄,使总的摩擦力矩得以增大,起到自动增力的作用。

如图3-10所示为单向自增力制动器。第一制动蹄和第二制动蹄的上端被各自的制动蹄回位弹簧拉拢,并以铆于腹板上端两侧的夹板的内凹弧面支靠着支承销。两制动蹄下端以凹入的平面分别浮动支承在可调顶杆体两端的直槽底面上,并用拉紧弹簧拉紧。

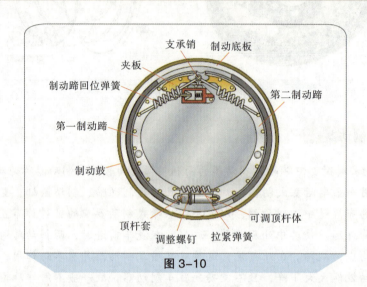

图 3-10

如图3-11所示为双向自增力制动器。制动蹄的上端两侧铆有夹板,用前后蹄回位弹簧将夹板拉靠在支承销上,两制动蹄的下端由拉紧弹簧拉靠在可调顶杆体两端直槽的底平面上。可调顶杆体是浮动的。制动轮缸处于支承销稍下的位置。

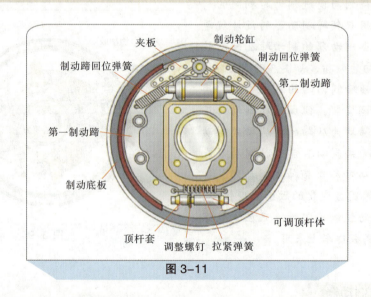

图 3-11

在基本结构参数和制动轮缸工作压力相同的条件下,自增力式制动器由于对摩擦助势作用的利用,制动效能最好,但其制动效能对摩擦因数的依赖性最大,因而其稳定性最差;此外,在制动过程中自增力式制动器制动力矩的增长在某些情况下显得过于急速。因此，单向自增力式制动器只用于中、轻型汽车的前轮，而双向自增力式制动器由于可兼作驻车制动器而广泛用于轿车后轮。

2. 鼓式制动器的工作原理

在轿车制动鼓上，一般只有一个轮缸，在制动时轮缸受到来自总泵液力后，轮缸两端活塞会同时顶向左右制动蹄的蹄端，作用力相等。但由于车轮是旋转的，制动鼓作用于制动蹄的压力左右不对称，造成自行增力或自行减力的作用。因此，业内将自行增力的一侧制动蹄称为领蹄，自行减力的一侧制动蹄称为从蹄，领蹄的摩擦力矩是从蹄的 2～2.5 倍，两制动蹄摩擦衬片的磨损程度也就不一样。

为了保持良好的制动效率，制动蹄与制动鼓之间要有一个最佳间隙值。随着摩擦衬片磨损，制动蹄与制动鼓之间的间隙增大，需要有一个调整间隙的机构。过去的鼓式制动器间隙需要人工调整，用塞尺调整间隙。改进之后的轿车鼓式制动器都是采用自动调整方式，摩擦衬片磨损后会自动调整与制动鼓间隙。当间隙增大时，制动蹄推出量超过一定范围时，调整间隙机构会将调整杆（棘爪）拉到与调整齿下一个齿接合的位置，从而增加连杆的长度，使制动蹄位置位移，恢复正常间隙。

轿车鼓式制动器一般用于后轮（前轮用盘式制动器）。鼓式制动器除了成本比较低之外，还有一个好处，就是便于与驻车（停车）制动组合在一起，凡是后轮为鼓式制动器的轿车，其驻车制动器也组合在后轮制动器上。这是一个机械系统，它与车上制动液压系统是完全分离的。利用手操纵杆或驻车踏板（美式车）拉紧钢拉索，操纵鼓式制动器的杠件扩展制动蹄，起到停车制动作用，使得汽车不会溜动；松开钢拉索，回位弹簧使制动蹄恢复原位，制动力消失。

3. 鼓式制动器的优点和缺点

（1）优点

鼓式制动器造价便宜，而且符合传统设计。四轮轿车在制动过程中，由于惯性的作用，前轮的负荷通常占汽车全部负荷的 70%～80%，前轮制动力要比后轮大，后轮起辅助制动作用，因此轿车生产厂家为了节省成本，就采用前盘后鼓的制动方式。不过对于重型车来说，由于车速一般不是很高，刹车蹄的耐用程度也比盘式制动器高，因此许多重型车至今仍使用四轮鼓式制动器的设计。

（2）缺点

鼓式制动器的制动效能稳定性和散热性都要差许多，鼓式制动器的制动力稳定性差，在不同路面上制动力变化很大，不易于掌控。而由于散热性能差，在制动过程中会聚集大量的热量。制动块和轮鼓在高温影响下较易发生极为复杂的变形，容易产生制动衰退和振抖现象，引起制动效率下降。另外，鼓式制动器在使用一段时间后，要定期调校刹车蹄的空隙，甚至要把整个刹车鼓拆出清理累积在内的刹车粉。

三、车轮制动器的检修

1. 制动鼓的检修

车轮制动主要是由制动鼓与摩擦片相互摩擦产生制动力而迫使车辆减速或停车。由于长期使用，使制动鼓磨损，造成制动鼓圆度超差或变形。同时，由于摩擦片磨损，露出制动蹄铆钉头，使制动鼓刮伤而出现沟槽，当汽车制动时，便发生跑偏、异响或抖动等现象。所以，制动鼓的工作表面必须平整光滑，与摩擦片贴合良好。

检查制动鼓的磨损和圆度误差。一般情况下，制动鼓在直径方向磨损成椭圆，在轴向磨损成锥形。同时，制动鼓摩擦表面与轮毂的旋转轴线，即同轴度产生偏差，都会影响制动效能。测量制动鼓时，首先，把带有制动鼓的轮毂总成擦拭干净，平整地放在工作台上，把中心杆用两个夹板固定在轴承内圈上。然后，把百分表支架通过锁紧装置固定在中心杆上，在支架的端部安装百分表，并使百分表的触头抵住制动鼓内表面。缓慢而均匀地推动百分表，使百分表在制动鼓内转动一周，百分表指针摆动的最大值与最小值之差，即为制动鼓与轮毂轴承的同轴度误差。

2. 制动盘的检修

a. 检查制动盘摩擦面是否有裂纹或剥落。
b. 使用百分表测量其端面圆跳动。

至少使用两个螺母将制动盘紧固在轮毂上，测量前确认车轮轴承轴向间隙应在规定值以内，其最大端面圆跳动应为0.07mm。若端面圆跳动超出规定应检查原因，如是制动盘原因，则更换。表面修整、更换制动鼓或制动盘后以及更换制动蹄或制动块后，或在行驶很少里程就出现制动发软时，都应磨合制动器工作面。

任务三 驻车制动器

驻车制动器是指机动车辆安装的手动刹车，简称手刹，在车辆停稳后用于稳定车辆，避免车辆在斜坡路面停车时由于溜车造成事故。常见的手刹一般置于驾驶员右手下垂位置，便于使用。

一、驻车制动器的分类

驻车制动有不同的类型，有用手或用脚操作的机械机构。另外，高级车也逐渐采用电子控制的驻车系统，俗称电子手刹，驻车制动器的分类如图3-12所示。

（a）脚式驻车制动器　　（b）电子驻车制动器　　（c）手动驻车制动器

图 3-12

1. 传统机械驻车制动器

传统的机械驻车制动器是拉线结构（如图 3-13），驾驶员操作位于中央通道的手刹手柄，手柄带动拉线使得后轮的卡钳或者制动蹄片锁紧制动盘或制动鼓。手刹手柄的内部是一个棘轮，拉动手柄时棘爪卡住棘齿使得手柄固定在相应的位置不动。

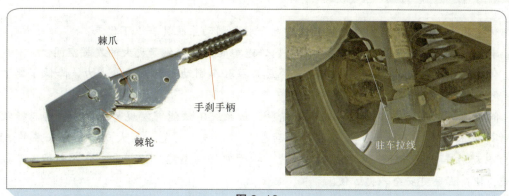

图 3-13

2. 电子驻车制动器

电子驻车制动器是由电子控制方式实现停车制动的技术。其工作原理与机械式手刹相同，均是通过刹车盘与刹车片产生的摩擦力来达到控制停车制动，只不过控制方式从之前的机械式手刹拉杆变成了电子按钮。

电子驻车制动器也就是电子驻车制动系统。电子驻车制动系统（Electrical Park Brake，EPB）是指将行车过程中的临时性制动和停车后的长时性制动功能整合在一起，并且由电子控制方式实现停车制动的技术。

电子驻车制动器从基本的驻车功能延伸到自动驻车功能 AUTO HOLD。自动驻车功能技术的运用，使得驾驶者在车辆停下时不需要长时间刹车。起动自动电子驻车制动的情况下，能够避免车辆不必要的滑行。

（1）电子驻车制动系统的应用

电子驻车系统的工作原理与手动机械驻车制动系统一样，通过制动蹄片与制动轮毂或摩擦片与制动盘之间的摩擦夹紧来实现驻车，只不过控制方式由电子按钮和电动机动作来替代原来手动操作和机械连动，故该系统全称为电子控制式机械驻车制动系统。

目前在汽车上应用的电子驻车制动技术主要有两种形式，一种是拉线式电子驻车制动系统，另一种是卡钳集成式电子驻车制动系统。拉线式电子驻车制动系统由于保留了传统机械驻车制动系统的拉线，所以它只是早期应用的一种过渡产品，在汽车上应用较少，目前在汽车上应用最多的是卡钳集成式电子驻车制动系统。该系统用电子按钮、电动机组件替代了传统的驻车制动手柄、机械杠杆和拉线等控制件。电动机组件被集成到了左右后制动卡钳上，电子控制单元（ECU）和电动机组件直接通过电气线束进行连接。驻车时，当驾驶者操作电子驻车制动系统电子按钮后，电子控制单元将控制集成在左右制动卡钳中的电动机动作，并带动制动卡钳活塞移动产生机械夹紧力从而完成驻车。

（2）电子驻车制动系统的优点

与传统的手动机械驻车制动系统相比，电子驻车制动系统具有以下优点：

a. 车厢内取消了驻车制动手柄，为整车内饰造型的设计提供了更大的发挥空间。

b. 停车制动由一个按键替代了驾驶者的用力拉驻车制动手柄，简单省力，降低了驾驶者尤其是女性驾驶者的操作强度。

c. 随着汽车电子驻车控制技术的不断发展，该系统不仅能够实现静态驻车、静态释放、自动释放等基本功能，还增加了自动驻车和动态驻车等辅助功能。如大众车系上安装的AUTO HOLD自动驻车键，它就能够完成上述功能，由于它将动态稳定控制系统介入到了电子驻车制动系统，使得驾驶更安全、更方便。

二、驻车制动器的检测

驻车制动器只对后轮进行制动，它利用两根金属钢缆拉动后轮制动片，以起到制动的作用。正常情况下，当手柄提拉到整个行程70%的时候，手刹就应该处在正常的制动位置了，在检测手刹制动力前，需要先找到这个点，可以通过数棘轮的响声来确定，70%这个位置就是手柄的有效工作点。

检测时将车开到坡度较大、路面状况良好的斜坡上，踩住刹车后挂入空挡（自动变速器放在N挡位），将手柄提拉到有效工作点，之后慢慢松开制动踏板，如果车辆没有移动，说明手刹的性能良好。除此之外，还要检查手刹的灵敏度，可以在平坦的路面上慢速行驶，缓慢的提拉手柄，感觉一下手刹的灵敏度和接合点，行驶中提拉手刹会出现磨损，所以检测的次数不宜过多。

三、驻车制动器的原理与调整

1. 原理

驻车制动器属于辅助制动系统，主要借助人力，一般在停车的时候，为了防止车辆自行溜车而设立的。如图3-14所示，驻车制动器（手刹）主要由操纵杆、平衡杠杆、拉绳、拉绳调整接头、拉绳支架、拉绳固定夹、制动器等组成，是用来锁止传动轴从而锁止驱动轮的，有些是锁止两只后轮。

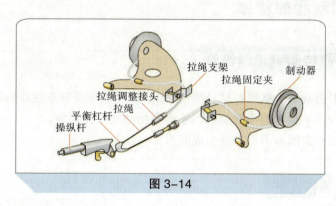

图 3-14

2. 驻车制动器的调整

如果在测试中发现制动器不灵敏，可以通过调整手刹拉线来解决，在驻车制动器手柄的下面有一个可调的补偿机构。调节时需要先拆卸手柄的装饰罩，然后利用工具调节拉线的长度，以保障手制动处在最佳工作状态。

四、驻车制动器的使用

进行驻车制动时，向下踏住制动器踏板，向上全部拉出驻车制动杆。欲松开驻车制动，向下踏住制动器踏板，将驻车制动杆向上稍微拉动，用拇指按下手柄端上的按钮，然后将驻车制动杆放低到原始的位置。

对装备有自动变速器的汽车而言，一定要先施加驻车制动，再将变速杆移动到"P"（停车）位置。在准备开动汽车时，应在松开驻车制动之前先将变速杆从"P"（停车）挡换出来。在倾斜地面停车时，如果先换挡到"P"位置，然后才进行驻车制动，车身的重量将使您在准备开动汽车时难以从"P"（停车）挡换出来。

不得在开动汽车时拉紧驻车制动器，否则会因过热，导致刹车作用下降、制动器寿命缩短或产生永久性制动器损坏。

如果驻车制动器不能稳定地制动汽车，或不能完全松开，则应立即要求经销商或服务站进行检查。离开汽车之前，通常均应全部拉上驻车制动器，否则汽车会移动，引起伤害或损坏。驻车时，确保使手动变速器汽车的换挡杆处于空挡；使自动变速器汽车的变速杆处于"P"（驻车挡）位置或"N"（空挡）位置，而且绝大多数自动变速器汽车只有P挡时才能拔出汽车点火钥匙。如无特殊情况，严格禁止汽车变速器在前进挡（D，S，L或带阿拉伯数字等）或倒挡（R）位置时进行驻车行为。

驻车制动器与手刹配套使用的还有回位弹簧。拉起手刹制动时,弹簧被拉长;手刹松开,弹簧回复原长。长期使用手刹时,弹簧也会产生相应变形。

手刹拉线也同样会产生相应变形会变长。任何零件在长期、频繁使用时,都存在效用降低的现象。驻车制动结构相对简单,成本低廉。

五、驻车制动器的检修

1. 驻车制动器传动装置的检修

传动机构中的拉索通常是涂有塑料材料的钢丝索。拉紧或松开驻车制动器时,拉索既不能松弛,也不能阻滞。因此,拉索不得有磨损或腐蚀,不得有扭结或卡住现象。

锁止机构中的棘爪和扇形齿不得有磨损或断齿。

2. 制动器的检修

a. 检查连接机构有无变形、松旷。
b. 驻车制动器的摩擦片铆钉距表面 0.50mm 时应更换。
c. 驻车制动鼓表面磨损使槽深超过 0.50mm 时可对鼓进行修磨,其内径加大不得超过 4mm。

六、驻车制动器常见故障诊断与排除

1. 驻车制动不良

(1) 故障现象

汽车停在坡路上时,因驻车不良而自行滑移。

(2) 故障原因

a. 驻车制动操纵手柄自由行程过大。
b. 制动鼓工作表面磨损、起槽、裂纹,摩擦片与制动鼓贴合不良或摩擦片与制动鼓配合间隙过大。
c. 摩擦片表面有油污、泥水,磨损过薄或焦化。
d. 制动蹄片在支承底板中卡住,或支承底板变形致使制动蹄轴歪斜。
e. 汽车起步时,操作失误,未松驻车制动操纵手柄导致摩擦片烧蚀。

(3)故障诊断与排除

a. 将变速杆置于空挡位置,拉紧驻车制动操纵手柄,支起后轮,这时用手转动传动轴,如能转动,则说明驻车制动不良。

b. 检查驻车制动操纵手柄的自由行程是否过大,当把驻车制动操纵手柄从放松的极限位置上拉起,应听到两声响,则为合适。否则进行调整,或检查各连接处是否松动。

c. 用塞尺检测摩擦片与制动鼓配合间隙是否符合技术标准,否则应进行调整。

d. 上述良好,则检测驻车制动器制动鼓圆度误差,查看摩擦片是否有油污,与制动鼓贴合状况及制动底板是否变形,检查制动蹄轴是否锈蚀。否则应维修或换用新件。

2. 驻车制动拖滞

(1)故障现象

变速器挂低速挡,松离合器踏板,放松驻车制动操纵手柄,汽车难以起步,或虽然起步,但稍松加速踏板,汽车急速降速,或行驶一般路程后,驻车制动鼓发热。

(2)故障原因

a. 制动蹄摩擦片与制动鼓间隙过小,局部有粘连接触,制动蹄回位弹簧弹力小、过软或折断。

b. 制动蹄与制动蹄轴装配过紧,转动困难或锈蚀,导致制动蹄回位缓慢或不回位。

c. 由于齿板上限位片丢失或未装,手柄向前放松时,造成制动凸轮反向转动,将蹄片张开与制动鼓接触。

(3)故障诊断与排除

a. 若汽车在离合器良好状态下不能起步,车辆行驶无力,驻车制动鼓发热,则说明驻车制动拖滞。

b. 先检查齿板上的限位片是否丢失或未装。

c. 用塞尺检测摩擦片与制动鼓间隙是否符合技术标准,否则应调整。

d. 若以上良好,应拆检驻车制动器。

任务四 制动传动装置

汽车制动传动装置是将驾驶人或其他动力源的作用力传到制动器，同时控制制动器工作，从而获得所需要的制动力矩。制动传动装置按传力介质的不同可分为液压式、气压式和气液综合式；按制动管路的套数不同可分为单管路式和双管路式。根据交通法规的要求，现代汽车的行车制动系统必须采用双管路制动传动装置，单管路制动传动装置已被淘汰。现代轿车广泛采用双管路式液压制动系统。

一、液压制动传动装置

液压制动传动装置：是利用特制油液作为传动介质，将制动踏板力转换为油液压力，并通过管路传至车轮制动器。再将油液压力转变为制动蹄张开的推力，即产生制动作用。

优点：制动柔和灵敏，结构简单，维护方便，不消耗发动机功率。

缺点：操纵较费力，制动力不太大，制动液受温度变化而降低其制动效能，液压制动传动装置已广泛应用在轿车和轻型汽车上。

主要组成：制动主缸、制动轮缸、液流管路、制动液。

1. 液压制动传动装置类型

（1）单管路液压传动装置

单管路是利用一个制动主缸，通过一套相互连通的管路，控制全车制动器，如图3-15所示。若传动装置中一处漏油，会使整个制动系统失效。目前，一般汽车上已很少采用。

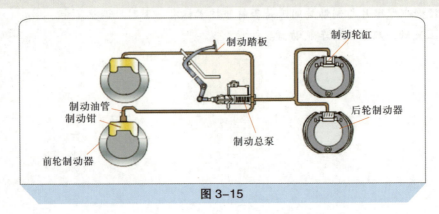

图 3-15

（2）双管路液压传动装置

双管路液压传动装置是利用两个彼此独立的液压系统，当一个液压系统发生故障时，另一个液压系统仍然照常工作，从而提高了汽车制动的可靠性和安全性，现代汽车都采用了双管路传动装置。如图3-16所示，布置型式如下：

a. II型——一轴对一轴
b. X型——交叉型
c. HI型——一轴半对半轴
d. LL型——半轴一轮对半轴一轮
e. HH型——双半轴对双半轴

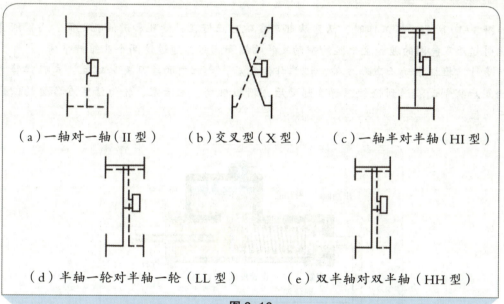

图 3-16

2. 双管路液压制动传动装置主要部件

（1）制动主缸

制动主缸作用是将制动踏板机械能转换成液压能。双管路液压制动传动装置中的制动主缸一般采用串联双腔或并联双腔制动主缸有的也采用单腔制动主缸，如图3-17所示。

串联双腔制动主缸构造如图3-18所示。

主缸内有两个活塞。后活塞右端连接推杆；前活塞位于缸筒中间把主缸内腔分成两个腔，两腔分别与前后两条液压管路相通，贮液罐分别向各自管路供给制动液。每个腔室具有各种回位件、密封件、复合阀等。

图 3-17

课题三 汽车制动系统

图 3-18

① 单腔制动主缸工作原理

如图 3-19 所示,不工作时,活塞头部与皮碗应正好在补偿孔和进油孔之间,当因泄露或气温变化引起活塞包围的腔和主缸腔的制动液的收缩和膨胀,通过这两个孔维持平衡。

制动时,推杆推动活塞和皮碗,掩盖补偿孔后,主缸内的液压开始建立,克服弹簧力后,推开油阀后将制动液送到轮缸,解除制动后,踏板机构、主活塞、轮缸活塞在各自的回位弹簧作用下回位。

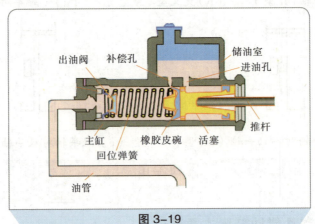

图 3-19

② 双腔制动主缸工作原理

如图 3-20 所示,制动时,后主缸中的推杆向前移动,使皮碗盖住贮液罐补偿孔,此时后腔室液压升高,迫使油液向后轮制动器流动,推动后轮制动器工作。与此同时,在后腔液压和后活塞弹簧弹力作用下,推动前活塞向前移动,前腔压力也随之提高,迫使油液流向前轮制动器,推动前轮制动器工作。

放松制动踏板,主缸中活塞和推杆在前后活塞弹簧的作用下回到原始位置,制动解除。

优点:当前腔控制的回路发生故障时,前活塞不产生液压前轮制动失效。但在后活塞液力作用下,前活塞被推到最前端,后腔产生的液压仍使后轮产生制动。若后腔控制的回路发生故障时,前腔仍能产生液压使前轮产生制动,确保行车安全。

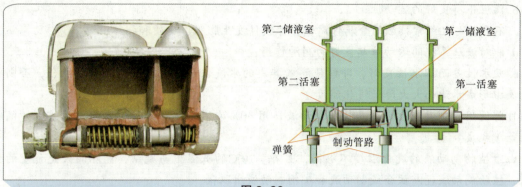

图 3-20

（2）制动轮缸

① 作用和分类

制动轮缸把油液压力转变成轮缸推力，推动制动蹄压靠在制动鼓上，产生制动作用。

制动轮缸主要有单活塞和双活塞之分，如图 3-21 所示，其基本组成是缸体、活塞、调整螺钉（顶块）、放气阀等，其中放气阀是制动系统的必备部件，用以排除制动管路中混入的空气。

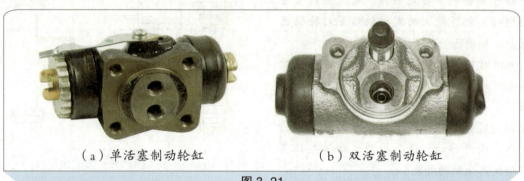

（a）单活塞制动轮缸　　　（b）双活塞制动轮缸

图 3-21

② 单活塞轮缸工作原理

单活塞轮缸多用于单向双领蹄式车轮制动器，如 BJ2020S 型汽车前轮制动器，当汽车制动时，制动轮缸受到制动液压力的作用，活塞在液压力作用下顶出活塞推动顶块，使制动蹄张开，压向制动鼓产生制动作用。当松开制动踏板，制动液液压消失，在回位弹簧作用下活塞恢复原来形状，同时，制动蹄与制动鼓脱离即解除制动。

（3）制动液

制动液一般满足如下要求：

a. 高温下不易汽化，否则将在管路中产生气阻现象，使制动系统失效；

143

b. 低温下有良好的流动性；

c. 不会使与之经常接触的金属件腐蚀，橡胶件发生膨胀、变硬和损坏；

d. 能对液压系统的运动件起良好的润滑作用；

e. 吸水性差而溶水性良好，即能使渗入其中的水汽化形成微粒而与之均匀混合，否则将在制动液中形成水泡而大大降低汽化温度。

目前使用的制动液大部分是植物制动液，用50%左右的蓖麻油和50%左右的溶剂（酒精或甘油等）配成。

由于植物制动液的汽化温度不够高，且在 -70℃ 的低温下易凝结，蓖麻油又是贵重的化工原料，植物制动液逐渐被合成制动液和矿物制动液所取代。

合成制动液：汽化温度 >190℃，-35℃ 的低温流动性好，对金属无腐蚀，对橡胶无伤害，溶水性好，但成本高；矿物制动液：溶水性差，易使普通橡胶膨胀。

3. 前后独立式与交叉式液压传动装置

（1）前后独立式（Ⅱ型）

由双腔主缸通过两套（一轴对一轴）独立管路分别控制车轮制动器。它主要用于对后轮制动依赖性较大的发动机后置后轮驱动的汽车，如图3-22所示。

制动时，踩下制动踏板，推杆推动双腔制动主缸的主缸前、后活塞前移、使主缸前、后腔油压升高，制动液分别同时流至前、后车轮制动轮缸。轮缸的活塞在制动液压力的作用下，向外移动，进而推动制动蹄张开压向制动鼓产生制动效能。

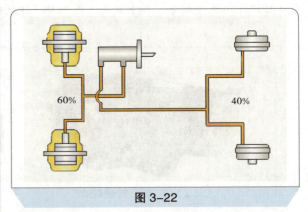

图3-22

当松开制动踏板时，制动蹄和轮缸活塞在回做弹簧作用下，各自回位，并将制动液压回制动主缸，从而解除制动。

（2）交叉式（X型）

该装置由双腔制动主缸，两套独立（交叉）管路分别控制车轮制动器，它主要用于对前轮制动力依赖性较大的发动机前置前轮驱动的汽车。

上海桑塔纳轿车采用了如图3-23所示的交叉式传动装置。这种双管路对角线布置的特点是，每套管路连接一个前轮和对角线上的一个后轮。

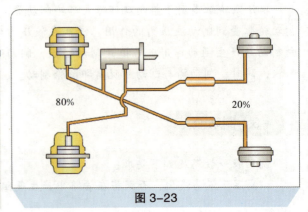

图3-23

> 优点：当制动系统中任一回路失效，剩余制动力仍能保持正常总制动力的50%。当汽车在高速状态不被制动时，均能保证后轮不抱死或者前轮比后轮先抱死，避免制动时后轮失去侧向附着力，造成汽车失控，确保行车安全。
>
> 若液压系统中有空气，以及开始制动时产生不了预定的压力，应快速踩下和放开制动踏板，重复几次，会使制动管路中油压升高产生制动。

二、气压制动传动装置

气压式制动传动装置是利用压缩空气作动力源的动力式制动装置。驾驶员只需按不同的制动强度要求，控制制动踏板的行程，便可控制制动气压的大小来获得所需要的制动力。

1. 组成

气压制动传动装置由两大部分组成，如图3-24所示。一是气源部分：它包括空气压缩机、调压机构（卸荷阀和调压阀）、贮气筒、气压表和安全阀等部件。二是控制部分：它包括制动踏板、制动控制阀、控制管路、前后制动气室、制动灯开关等部件。

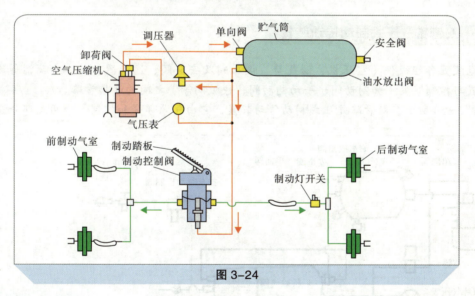

图3-24

2. 工作原理

空气压缩机由发动机通过皮带轮或齿轮驱动，将高压空气压入贮气筒，筒内气压利用调压机构保持在0.7～1MPa范围内，用安装在仪表板上的气压表来指示。贮气筒通过制动控制阀和管路与前、后制动气室连通，并通过制动踏板来操纵制动控制阀，使制动气室在制动时与贮气筒相通，而在解除制动时与大气相通。

制动时，在制动气室内建立的气压应与踏板行程成正比。踏板踩到底时，制动气室内最高气压为0.5～0.8MPa左右，但贮气筒中的气压在任何时候都应高于或等于此值。制动控制阀是一个渐进随动装置。

3. 气压制动传动装置的特点

a. 用小的踏板压力和行程，控制大的制动力。
b. 其附加的机件多而复杂。
c. 制动滞后时间较液压式长（0.5s）。
d. 适用的制动器型式只能是凸轮促动或楔杆促动的。
e. 摩擦件较多，制动稳定性差，多用在总质量为 8 吨以上的载货汽车及大客车上。
f. 其压缩空气还可以用来做许多其他工作，如挂车制动、轮胎充气、开闭车门、转向助力、离合器操纵、喇叭、雨刷等等。

4. 气压制动传动装置的分类

气压制动传动装置按传力介质的不同分：气压式、气液综合式；按制动管路的套数不同分：单管路和双管路；按制动车辆不同分：主车制动、挂车制动。

（1）单管路气压制动传动装置

单管路气压制动传动装置因制动安全差，现已不允许使用。

（2）双管路气压式制动传动装置

供能装置各组成件（空压机、储气筒、调压阀及安全阀、滤清器、油水分离器等）之间和供能装置与控制装置（如制动阀、手动制动阀、快放阀等）之间的连接管路。

如图 3-25 所示，双管路气压式制动传动装置，它由气源部分和控制部分两大部分组成。

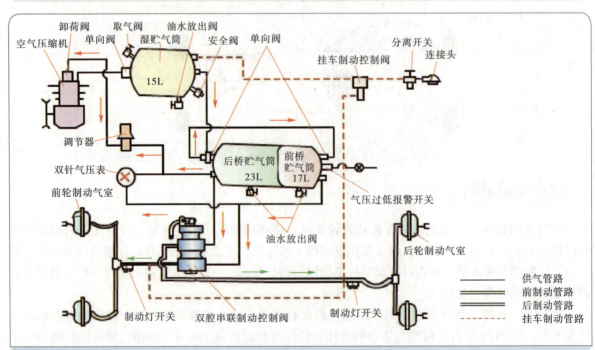

图 3-25

① 气源部分

气源部分包括空气压缩机和调压机构（调压器、卸荷阀）、贮气筒和双针气压表、气压过低报警装置、油水放出阀和取气阀、安全阀等部件。

空气压缩机所产生的压缩空气经单向阀先进入容积较小的湿贮气筒，并利用压缩空气在容器内的骤然膨胀和冷却，使油、水分离出来并沉淀于筒底。因而，它取代了油水分离器。然后，清洁干燥的压缩空气又经单向阀分别进入独立的主贮气筒的前、后腔。主贮气筒的前腔与制动控制阀的上腔相连，以控制后轮制动。同时通过管路与双针气压表和调压器相连，贮气筒后腔与制动控制阀下腔相连，以控制前轮制动。同时也通过管路与双针气压表上的另一弹簧管相连。双针气压表町上指针指示贮气筒前腔的气压；下指针指示后腔的气压。以上为供气管，是常贮气管路。

② 控制部分

控制管路从双腔串联制动控制阀开始。当踩下制动踏板时，拉臂使制动控制阀工作，贮气筒前腔的压缩空气便通过制动控制阀的上腔进入后轮制动气室，使后轮制动；同时，贮气筒后腔的压缩空气通过制动控制阀的下腔进入前轮制动气室，使前轮也制动。

该车双管路制动传动装置的特点是：
- 贮气筒的前后两腔和制动控制阀的上下两腔及前后桥制动管路都是彼此独立；
- 两贮气筒上有单向阀使压缩空气不能倒流，保持每个贮气筒的独立性，并减小了漏气的可能性；
- 调压机构保证贮气筒管路中的气压稳定在 0.63~0.83MPa 范围内；
- 贮气筒内的气压低于 0.45MPa 时，低压报警开关触点闭合，接通电路报警灯亮，同时蜂鸣器发出声响，应立即停车排除故障；
- 当调压器发生故障时，气压升高到 0.85~0.9MPa 时，安全阀自动放气，保证了贮气管路的安全；
- 湿贮气筒能较好地进行油、水分离，两贮气筒都有油水放出阀，可防止管路系统的锈蚀、结冰、发卡、堵塞等故障；
- 有取气阀门，可使压缩空气输出，用来进行轮胎充气等工作；
- 制动时最大工作气压等于气筒气压（0.8MPa），制动效果好。因而，采用了充气较快的双缸空气压缩机。

③ 半挂车双管路气压制动传动装置

半挂车双管路气压制动传动装置 JN1181 型汽车装用的是柴油机，它的管路布置可代表不同重型汽车制动传动装置的共性特点。

如图 3-26 所示，该装置由气源部分和控制部分两大部分组成。

课题三 汽车制动系统

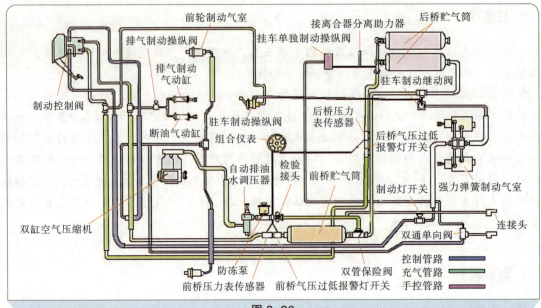

图 3-26

① 气源部分

空气压缩机产生的压缩空气经自动排油水调压器、防冻泵、检验接头、双管保险阀后，分别进入前桥贮气筒、后桥贮气筒，同时也经挂车充气管路对挂车贮气筒进行充气。前后贮气筒内的压缩空气也分别充入各自的充气管路进入制动控制阀的右腔（下腔）。以上为供气管路，是常贮气管路。在供气管路中设有自动保持 0.8MPa 气压的调压器；调压器失效时，气压达 0.9MPa 时，调压器上的安全阀即自动打开放气调节气压。在前后桥供气管路中还装有气压表指示传感器和气压过低报警灯开关，通过线路传给组合仪表。

② 控制部分

● 用行车制动时，充入制动控制阀右腔（下腔）的压缩空气，由制动踏板控制，分别通过各自的管路进入前、后桥制动气室，进行制动。前桥制动控制管路又控制挂车的制动管路，能对挂车同时进行制动。

● 用驻车制动时，将驻车制动操纵阀推到制动位置，强力弹簧制动气室的压缩空气从驻车继动阀中排出，强力弹簧伸张，使制动器产生制动作用。

● 用排气制动时，踩下排气制动操纵阀，用来关闭排气管通道和切断柴油道，提高柴油机的排气阻力。此时，压缩空气分别进入排气制动气缸和断油气缸。

● 对挂车单独进行制动时，行车中如需单独对挂车进行制动时（如下长坡或前桥制动管路损坏时），可拉动挂车制动操纵阀的手柄，压缩空气便从该阀经双通单向阀进入挂车控制管路，使挂车的制动装置起制动作用。此时，双通单向阀的活塞自动将通往前轮的制动管路关闭。

该车双管路制动传动装置的特点是：

● 双缸空气压缩机与柴油机的喷油泵串联在一起，共用传动齿轮来驱动，无皮带打滑之虑，

- 供气管路中装有自动分离油水的组合式调压器，并装有手动防冻泵，能防止水分结冰堵塞管路；
- 设有双管路保险阀，当充气管路正常时，可同时向两管路贮气筒充气；当其中一管路损坏时，双管路保险阀能保证向另一未损坏管路的贮气筒继续充气；
- 由于后桥贮气筒还供给其他机构工作，且在制动时用气量较多，故采用双贮气筒；
- 有强力弹簧驻车制动装置，操纵轻便可靠。行车前充气管路中的气压必须达到 0.4MPa 以上才能起步，否则气压过低报警灯报警。行车中如管路损坏气压低于该数值时，强力弹簧就自行制动后轮。因此它又起安全制动装置的作用；
- 制动控制阀采用双腔并动式，同时控制独立的前、后桥制动控制管路。由于驾驶室是翻转式，通往制动控制阀的管路，用高强度制动软管连接；
- 对挂车的制动，采用了双管路充气制动，使挂车制动的滞后时间较短而可靠。在控制挂车制动的管路上装有双通单向阀，当前桥管路损坏时，即可利用挂车制动操纵阀供气使挂车制动。这一管路供气时，阀的活塞就自动封闭另一管路；
- 最大工作气压等于贮气筒气压（0.8MPa），制动效果良好。因而，采用了双缸空气压缩机。

任务五　ABS 防抱死制动系统

一、ABS 防抱死制动系统

1.ABS 概述

ABS 是防抱死制动系统的英文缩写，英文的全称是 Antilock Braking System，或者是 Antiskid Braking System。该系统能够在汽车制动时自动调节车轮上的制动力，来防止车轮抱死以得到最佳的制动效果。

汽车制动的效果与稳定性，我们主要从以下三方面进行评价。
a. 制动力、制动距离和制动减速度；
b. 恒定性，指频繁制动时，制动系统制动器的抗热衰退性能或抗水衰退性能；
c. 制动时的方向稳定性，也就是在制动时汽车不发生跑偏、侧滑和失去转向能力的性能。

汽车在制动过程中有两种力的作用：一种作用力是摩擦片与制动盘（盘式制动器）或制动蹄与制动鼓（鼓式制动器）之间产生的摩擦力，这种力称为制动器制动力，也称为制动系统制动力；另一种作用力是轮胎与地面之间产生的摩擦力，称为地面附着力，是致使汽车减速的作用力。如果制动系统制动力小于地面附着力，则汽车制动时会保持稳定状态，能够实现减速并保持方向稳定性；反之，如果制动系统制动力大于地面附着力，则汽车制动时会出现车轮抱死和滑移。

实践证明：当前轮抱死时，汽车虽然可以沿直线向前行驶，处于稳定状态，但驾驶员失去对汽车转向系的控制能力，这样驾驶员在制动过程中就无法通过操纵转向系统来躲避行人、障碍物以及在弯道上所应采取的必要的转向；当后轮抱死时，汽车制动时的稳定性变差，在比如路面的不平、侧向风等很小的侧向力干扰力下，汽车就有可能会发生甩尾，甚至调头等危险现象，尤其是在一些恶劣路况下，比如路面湿滑或有冰雪，更加危险；当前后轮都抱死时，驾驶员基本上失去了对汽车的控制能力。所以，制动时车轮抱死将难以保证汽车的行车安全。此外，制动时车轮抱死，由于车轮与地面之间是滑动摩擦，会导致轮胎的磨损加剧，大大降低轮胎的使用寿命。ABS是通过调节作用于车轮制动分泵上的制动管路压力，使汽车在紧急刹车时车轮不会完全抱死，这样就能使汽车在紧急制动时仍能保持较好的方向稳定性。

2.ABS的发展

ABS技术是英国人霍纳摩尔1920年研制发明并申请专利，早在20世纪30年代，ABS就已经在铁路机车的制动系统中应用，目的是防止车化在制动过程中抱死，导致车轮与钢轨局部急剧摩擦而过早损坏。1936年德国博世（BOSCH）公司取得了ABS专利权。它是由装在车轮上的电磁式转速传感器和控制液压的电磁阀组成，使用开关方法对制动压力进行控制。

20世纪40年代末期，为了缩短飞机着陆时的滑行距离、防止车轮在制动时跑偏、甩尾和轮胎剧烈磨耗，飞机制动系统开始采用ABS，并很快成为飞机的标准装备。20世纪50年代防抱制动系统开始应用于汽车工业。1951年Goodyear航空公司将ABS装于载重车上；1954年福特汽车公司在林肯车上装用法国航空公司的ABS装置。1978年ABS系统有了突破性发展。博世公司与奔驰公司合作研制出三通道四轮带有数字式控制器的ABS系统，并批量装于奔驰轿车上。由于微处理器的引入，使ABS系统开始具有了智能，从而奠定了ABS系统的基础和基本模式。

1981年德国的威伯科（WABCO）公司与奔驰公司在载重车上装用了数字式ABS系统。ABS的市场占有率迅速上升。20世纪80年代中期以后，借助于电子控制技术的进步，ABS更为灵敏、成本更低、安装更方便、价格也更易被中小型家用轿车所接受。这期间较为典型的ABS装置有博世（BOSCH）公司于1979年推出的BOSCH2型，大陆特威斯（Teves）1984年推出的具有防抱制动和驱动防滑功能的ABS/ASR 2U型。机械与电子元件持续不断的发展和改进使ABS的优越性越来越明显，随着激烈的竞争，技术的日趋成熟，ABS变得更精密，更可靠，价格也在下降。

1987年欧共体颁布一项法规，要求从1991年起，欧共体所有成员国生产的所有新车型均需装备防抱制动装置，同时规定凡载重16t以上的货车必须装备ABS，并且禁止无此装置的汽车进口。日本规定，从1991年起，总质量超过13t的牵引车，总质量超过10t的运送危险品的拖车、在高速公路上行驶的大客车都必须安装ABS。

目前，国际上ABS在汽车上的应用越来越广泛，已成为绝大多数类型汽车的标准装备。北美和西欧的各类客车和轻型货车ABS的装备率已达90%以上，轿车ABS的装备率在60%以左右，运送危险品的货车ABS的装备率为100%。

（1）我国的ABS现状

我国对ABS的研究现状开始于20世纪80年代初。目前，我国政府已制定车辆安全性方面的强制性法规，GB 12676-1999《汽车制动系统结构、性能和试验方法》，规定首先在重型车和大客车上安装电子控制式ABS。GB 7258-2004《机动车运行安全技术条件》又具体规定了必须安装的车型和时间。规定质量大于12 000kg的长途客车和旅游客车、总质量大于16 000kg允许挂接总质量大于10 000kg的挂车的货车及总质量大于10 000kg的挂车必须安装ABS。

我国有许多单位和企业从事ABS的研制工作，包括东风汽车公司、重庆公路研究所、北京理工大学、清华大学、上海汽车制动系统有限公司和山东重汽集团等。其中山东重汽集团引进国际先进技术进行研究已取得了一些进展。重庆公路研究所研制的适用于中型汽车的气制动FKX-AC Ⅰ型ABS装置已通过国家级技术鉴定，但各种制动情况的适应性还有待提高。清华大学研制的适用于轻型和小型汽车的液压ABS系统，北京理工大学和上海汽车制动系统有限公司致力于轿车的液压ABS系统的研究，已分别取得初步成果。

（2）ABS的展望

根据国内外的一些研究动态和高档轿车的实际应用表明，ABS技术将沿着以下几个方面继续发展：

a.ABS和驱动防滑控制装置ASR一体化。ABS以防止车轮抱死为目的，ASR是防止车轮过分滑转，ABS是为了缓解制动，ASR是为了施加制动。由于二者技术上较接近，且都能在低附着路面上充分体现它们的作用，所以将二者有机地结合起来。

b.动态稳定控制系统VDC（或电子稳定控制ESP）。VDC主要在ABS/ASR基础上解决汽车转向行驶时的方向稳定性问题。ABS与电子全控式（或半控式）悬架、电子控制四轮转向、电子控制液压转向、电子控制自动变速器等控制系统在功能、结构上有机地结合起来，保证汽车在各种恶劣情况下行驶时，都具有良好的动态稳定性。

c.ABS/ASR与自动巡航系统（ACC）集成。自动巡航控制系统（ACC）的目的是在巡航行驶时自动把车速限制在一个设定的速度，并且能够根据前方车辆的行驶状况，自动施加制动或加速使其保持在一定的安全距离内行驶。在遇到障碍物时，可以自动施加制动，把车速调整到安全范围内。由于ABS/ASR和ACC都要用到相同的轮速采集系统、制动压力调节装置以及发动机输出力矩调节装置，因此ABS/ASR/ACC集成化系统，不仅可以大大降低成本，而且可以提高汽车的整体安全性能。

d.减小体积，降低重量。为了提高汽车的安全性能，增加了一些装置，汽车的重量也随之增加，对燃料经济性不利。所以新增设的各种装置必须在保证安全性的前提下，尽量地减少重量。另外，不论是大型车还是小型车，发动机的安装空间都是非常紧凑的，因此，也要求ABS控制器的体积尽可能的小一些。

e.随着ABS与新一代制动系统的结合，比如与电子液压制动EHB、电子机械制动EMB结合，ABS有了更快的响应速度，更好的控制效果，而且更容易与其他电子系统集成。ABS将成为集成化汽车底盘系统中不可缺少的一个节点。

f.在ABS系统中嵌入电子制动力分配装置（EBD）构成了ABS+EBD系统。EBD的功能就是在汽车ABS开始制动压力调节之前，高速计算出汽车四个轮胎与路面间的附着力大小，然后调节车轮与附着力的分配，进一步提高车辆制动时的方向稳定性，同时尽可能地缩短制动距离。

g.在ABS系统的基础上扩展成车速记录仪（VSR），又称汽车黑匣子。该装置通过实时采集的四个车轮轮速信号，再现交通事故发生过程中汽车的实际运行轨迹以及驾驶员对车辆的操作情况，便于公安交通管理部门准确判断事故的责任。

二、ABS 的理论基础

1. 汽车的制动性

汽车在行驶过程中，强制地减速以至停车且维持行驶方向稳定性的能力称为汽车的制动性。

评价制动性能的指标主要有：

a. 制动效能。汽车在行驶中，强制减速以至停车的能力称为制动效能，即汽车以一定的初速度制动到停车所产生的制动距离、制动时间、制动减速度。

b. 制动时的方向稳定性。汽车在制动时仍能按指定方向的轨迹行驶，即不发生跑偏、侧滑以及失去转向能力称为制动时的方向稳定性。

2. 制动过程中车轮的受力及运动分析

如图 3-27 所示是汽车在良好的路面上制动时车轮的受力分析。

$$\varphi_1 = F_y/F_z \qquad \varphi_2 = F_y/F_z$$

F_x：沿 x 轴方向的分力，称为地面制动力，又称纵向力；

F_y：沿 y 轴方向的分力，称为侧向力，或称横向力；

F_z：沿 z 轴方向的分力，称为法向反作用力；

φ_1：称为制动力系数；

φ_2：称为侧向力系数。

（1）制动器制动力

制动蹄与制动鼓（盘）压紧时形成的摩擦力矩 M_μ 通过车轮作用于地面的切向力 F_μ，如图 3-28 所示，即当汽车制动时，阻止车轮转动的是制动器阻力矩 M_μ，将制动器阻力矩 M_μ 转化为车轮周缘的一个切向力，称其为制动器制动力 F_μ。

提示：制动器制动力是由制动器的结构参数决定的，并与制动踏板力成正比。

（2）地面制动力

制动时地面对车轮的切向反作用力 F_x，如图 3-28 所示，即汽车制动时，由于制动鼓（盘）与制动蹄摩擦片之间的摩擦作用，形成了摩擦力矩 M_μ，此力矩与车轮转动方向相反。车轮在 M_μ 的作用下给地面一个向前的作用力，与此同时地面给车轮一个与行驶方向相反的切向反作用力 F_x，这个力就是地面制动力，它是迫使汽车减速或停车的外力。

提示：地面制动力的大小取决于制动器制动力的大小和轮胎与地面之间的附着力。附着力是地面对轮胎切向反作用力的极限值 F_φ，取决于轮胎与路面之间的摩擦作用及路面的抗震强度。

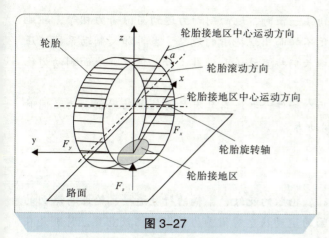

图 3-27

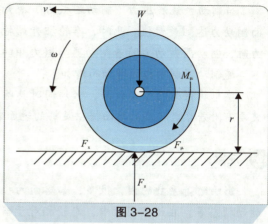

图 3-28

（3）汽车行驶的基本原理

汽车行驶过程中，路面情况千变万化，非常复杂。可以从车辆受力情况来分析其行驶基本原理。

汽车在行驶时会受到各种不同的阻力，这些阻力主要有：

a.滚动阻力（F_f）车轮滚动时轮胎与路面之间的摩擦阻力。只要汽车在运动，就存在滚动阻力，其数值与汽车的总重量、轮胎的结构和气压以及路面状况有关。

b.空气阻力（F_w）：汽车行驶时，汽车前部受到空气流压力、后部因空气涡流产生拉力、空气与车身表面产生的摩擦力，这些力总称为空气阻力。空气阻力主要与车速、汽车的形状和汽车的正面投影面积有关。

c.上坡阻力（F_i）：汽车上坡时，其重力沿路面方向形成的与汽车行驶方向相反的阻力。上坡阻力的大小取决于汽车的总质量和道路的纵向坡度。

d.加速阻力（F_j）：汽车在加速时，因汽车惯性所产生的阻力。

欲使汽车行驶，必须对汽车施加一个推动力以克服上述各种阻力，这个推动力称为汽车驱动力，也称为汽车牵引力。

（4）地面制动力 F_μ、制动器制动力 F_x 和附着力 F_Φ 之间的关系

图3-29所示为不考虑制动过程中附着系数变化时地面制动力、制动器制动力和附着力三者的关系。在制动过程中，车轮的运动只有减速滚动和抱死滑移两种状态。当驾驶人踩制动踏板的力较小、制动摩擦力矩较小时，车轮只作减速滚动，并且随着摩擦力矩的增加，制动器制动力和地面制动力也随之增长且在车轮未抱死前地面制动力始终等于制动器的制动力。此时，制动器的制动力可全部转化为地面制动力，但地面制动力不可能超过附着力。

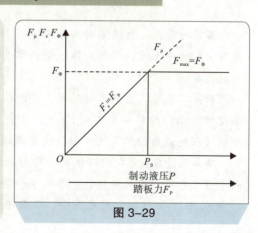

图 3-29

当制动系统液压力（制动踏板力）增大到某一值时，地面制动力达到与附着力相等，即地面制动力达到最大值。此时，车轮即开始抱死不转而出现拖滑的现象。当再加大制动系统液压力时，制动器制动力随着制动器摩擦力矩的增长仍按直线关系继续上升，但是，地面制动力已不再随制动器制动力的增加而增加。

要想获得好的制动效果，必须同时具备两个条件，即汽车具有足够的制动器制动力，同时又要有附着系数较高的路面提供足够的地面制动力。

◎ 注意：

影响附着系数的因素很多，如路面的状况、轮胎的花纹、车辆的行驶速度、轮胎与路面的运动状态等。在诸多因素中，车轮相对于路面的运动状态对附着力的影响比较重要，特别是在湿路面上其影响更为明显。

（5）硬路面上附着系数 φ 与滑移率 S 的关系

① 滑移率的定义

汽车匀速行驶时，汽车的实际车速与车轮滚动的圆周速度（也称车轮速度）是相同的。在驾驶人踩制动踏板使车轮的轮速降低时，车轮滚动的圆周速度（轮胎胎面在路面上移动的速度）也随之降低，但由于汽车自身的惯性，汽车的实际车速与车轮的速度不再相等，使车速与轮速之间产生一个速度差。此时，轮胎与路面之间产生相对滑移现象，其滑移程度用滑移率表示。

滑移率是指车轮在制动过程中其滑移成分在车轮纵向运动中所占的比例，用 S 表示。其定义表达式为：

$$S = \frac{v - \omega r}{v} \times 100\%$$

式中 S——车轮的滑移率；
r——车轮的滚动半径；
ω——车轮的转动角速度；
v——车轮中心的纵向速度。

由上式可知汽车制动过程中车轮的3种运动状态，如图3-30所示。

● 第一阶段：当汽车的实际车速等于车轮滚动时的圆周速度时，滑移率为零，车轮为纯滚动；路面印痕与胎面花纹基本一致，车速＝轮速。

● 第二阶段：当汽车制动时，逐渐踩下制动踏板，车轮边滚动边滑动，滑移率在0~100%之间；车轮边滚边滑，路面印痕可以辨认出轮胎花纹，但花纹逐渐模糊，车速＞轮速。

● 第三阶段：当制动踏板完全踩到底，车轮处于抱死状态，而车身又具有一定的速度时，车轮滚动圆周的速度为零，则滑移率为100%。此时，抱死拖滑，路面印痕粗黑，轮速为零。

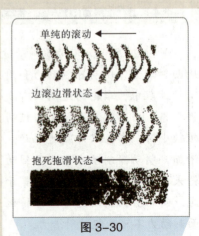

图3-30

② 附着系数与滑移率的关系

大量的试验证明，在汽车的制动过程中，附着系数的大小随着滑移率的变化而变化。图3-31所示为干燥硬实路面附着系数与滑移率的关系。对于纵向附着系数，随着滑移率的迅速增加，并在$S=20\%$左右时，纵向附着系数最大；然后随着滑移率的进一步增加，当$S=100\%$，即车轮抱死时，纵向附着系数有所下降，制动距离会增加，制动效能下降。对于横向附着系数，当$S=0$时，横向附着系数最大；然后随着滑移率的增加，横向附着系数逐渐下降，并在$S=100\%$，即车轮抱死时横向附着系数下降为零左右。此时车轮将完全丧失抵抗外界侧向力作用的能力。稍有侧向力干扰（如路面不平产生的侧向力、汽车重力的侧向分力、侧向风力等），汽车就会产生侧滑而失去稳定性。而转向轮抱死后将失去转向能力。因此，车轮抱死将导致制动时汽车的方向稳定性变差。

从以上分析可知，制动时车轮抱死，制动效能和制动方向稳定性都将变坏。而如果制动时将车轮的滑移率S控制在15%~30%，即图3-31中所示的S_p处，此时纵向附着系数最大，可得到最好的制动效能；同时横向附着系数也保持较大值，使汽车具有较好的制动方向稳定性。

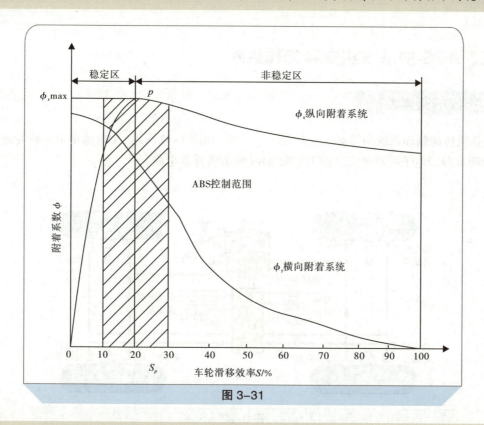

图3-31

在汽车的制动过程中，若能将滑移率控制在最大附着系数所对应的滑移率范围，汽车将处于最佳制动状态。

要控制滑移率就要对作用在车轮上的力矩进行瞬时的自适应调节。防抱死制动系统就是通过电子控制单元、车轮转速传感器和制动压力调节器，对作用在制动轮缸内的制动液压力进行瞬时的自动控制（每秒约10次），从而控制制动车轮上的制动器压力，使制动车轮尽可能保持在最佳的滑移率范围内运动，从而使汽车的实际制动过程接近于最佳制动状态成为可能。

分析总结：
- $S < 0\%$ 为制动稳定区域，$S < 20\%$ 为制动非稳定区域。
- 将车轮滑移率 S 控制在 20% 左右，便可获取最大的纵向附着系数和较大的横向附着系数，这是最理想的控制效果。

③ 理想的制动控制过程

- 制动开始时，让制动压力迅速增大，使 S 从零上升至 20% 所需时间最短，以便获取最短的制动距离和方向稳定性。
- 制动过程中，当 S 上升到稍大于 20% 时，对制动轮迅速而适当降低制动压力，使 S 迅速下降到 20%；当 S 下降到稍小于 20% 时，对制动轮迅速而适当增大制动压力，使 S 迅速上升到 20%。

得出结论车轮在制动过程中，以 5～10 次／秒的频率进行增压、保压、减压的不断切换，使 S 稳定在 20% 是最理想的制动控制过程。ABS 的功用是控制实际制动过程接近于理想制动过程。

三、ABS 的基本组成和工作原理

1. ABS 的基本组成

ABS 是在传统制动系统的基础上又增设一些装置，如图 3-32 所示，ABS 通常由车轮轮速传感器、制动压力调节器、电子控制单元（ECU）和 ABS 警示装置等组成。

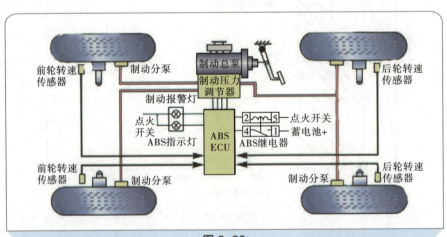

图 3-32

2. ABS 的工作原理

每个车轮上都安置了一个轮速传感器，它们将各车轮的转速信号及时的输入 ECU；ECU 是 ABS 的控制中心，它根据各个车轮轮速传感器输入的信号对各个车轮的运动状态进行监测和判定，并形成响应的控制指令，再适时发出控制指令给制动压力调节器；制动压力调节器是 ABS 中的执行器，它是由调压电磁阀总成、电动泵总成和储液器等组成的一个独立整体，并通过制动管路与制动主缸和各制动轮缸相连，制动压力调节器受 ECU 的控制，对各制动轮缸的制动压力进行调节；警示装置包括仪表板上的制动警告灯和 ABS 警告灯，制动警告灯为红色，通常用"BRAKE"做标识（如图 3-33 所示），由制动液面开关、驻车制动开关及制动液压力开关并联控制，ABS 警告灯为黄色，由 ABS 电子控制单元控制，通常用"ABS"或"ANTILOCK"做标识。ABS 具有失效保护和自诊断功能，当 ECU 监测到系统出现故障时，将自动关闭 ABS，仅保留常规制动系统；同时存储故障信息，并将 ABS 警告灯点亮，提示驾驶人尽快进行修理。

图 3-33

3.ABS 的工作过程

ABS 制动防抱死系统在制动时的整个工作过程是以建压阶段、保压阶段、降压阶段、增压阶段 4 个阶段的不间断循环。

（1）建压阶段

在汽车制动时，首先常规制动系统起作用，制动系统通过制动助力器和制动总泵建立制动压力，如图 3-34 所示，此时 ABS 系统的制动压力调节器的常开电磁阀打开，常闭电磁阀关闭，制动压力通过制动压力调节器的常开电磁阀进入车轮制动器，产生制动力，车轮转速迅速降低，直到 ABS 电子控制单元通过转速传感器识别出车轮有抱死的倾向为止。

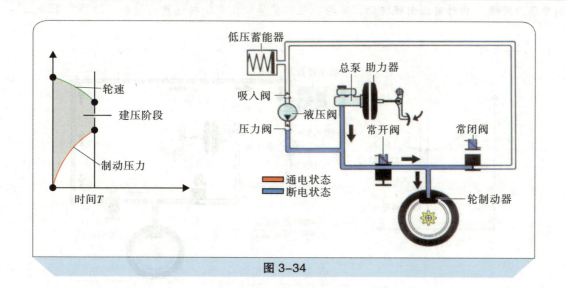

图 3-34

（2）保压阶段

ABS 电子控制单元通过转速传感器得到信号，识别出车轮有抱死的倾向时，立即控制制动压力调节器的常开电磁阀关闭，此时常闭电磁阀仍然关闭，制动压力不能通过制动压力调节器的常开电磁阀加压、常闭电磁阀卸压，保持制动压力不变，如图3-35所示。

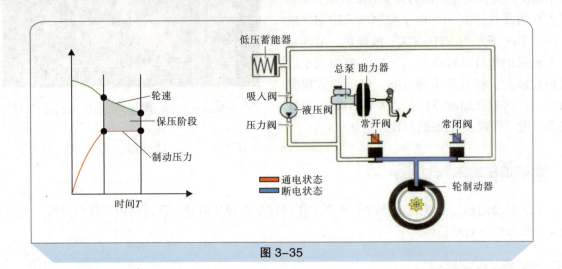

图 3-35

（3）降压阶段

如果 ABS 电子控制单元识别到处于保压阶段车轮仍有抱死倾向时，则 ABS 进入降压阶段，此时电子控制单元控制制动压力调节器的常闭电磁阀打开，常开电磁阀关闭，制动压力通过常闭电磁阀卸压，液压泵开始工作，制动液从轮缸经低压蓄能器被送回制动总泵，如图3-36所示，制动压力降低，制动踏板出现抖动，车轮抱死程度降低，车轮转速开始增加，滑移率下降。

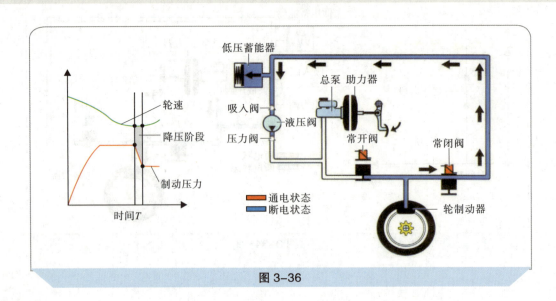

图 3-36

（4）增压阶段

为了达到最佳制动效果，当滑移率降到一定值时，ABS电子控制单元再次命令常开电磁阀打开，常闭电磁阀关闭，制动压力再次传递给车轮制动器，车轮再次被制动和减速，如图3-37所示。防抱死制动系统调节频率为2~6Hz。在常见的ABS系统中，每个车轮各安装一个车轮转速传感器，将各车轮的转速信号送给电控制单元，电控制单元根据各车轮转速传感器输入的信号对各个车轮的运动状态进行监控，并形成相应的控制指令控制制动压力调节器。制动压力调节器主要由调压电磁阀（常开电磁阀、常闭电磁阀）、电动泵和储液器等组成一个独立的整体，通过制动管路与制动主缸和各制动轮缸相连，制动压力调节装置受电子控制装置的控制，对各制动轮缸的制动压力进行调节。虽然不同形式的ABS系统制动压力调节器的结构、管路的布置和控制方式并不完全相同，但都是在制动过程中通过对趋于抱死车轮上的制动压力进行自适应的不间断调节，来防止制动时车轮发生抱死，以提高汽车行车的安全性。

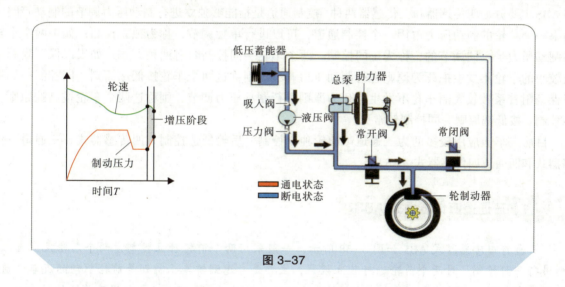

图 3-37

四、ABS 的分类

1. 按控制方式分类

ABS按控制方式可分为预测控制式和模仿控制式两种。

（1）预测控制式

预测控制式是预先规定控制参数和设定值等条件，然后根据检测的实际参数与设定值进行比较，对制动过程进行控制。

控制参数有车轮减速度、车轮加速度及车轮滑移率。根据控制参数的不同，预测控制式ABS可分为以车轮减速度为控制参数的控制式ABS，以车轮滑移率为控制参数的控制式ABS，以车轮减速度和车轮加速度为控制参数的控制式 ABS,以车轮减速度、加速度以及滑移率为控制参数的控制式 ABS。

(2) 模仿控制式

模仿控制式是在控制过程中,记录前一控制周期的各种参数,再按照这些参数值规定下一个控制周期的控制条件。此类控制方式在控制时需要准确和实时测定汽车瞬时速度,其成本较高,技术复杂,已较少使用。

2. 按控制通道及传感器数目分类

根据控制通道数,可将 ABS 分为四通道、三通道、二通道和一通道 4 种;根据传感器数,可将 ABS 主要分为四传感器和三传感器两种。控制通道是指能够独立进行制动压力调节的制动管路。如果一个车轮的制动压力占用一个控制通道,可以进行单独调节,称为独立控制;如果两个车轮的制动压力是一同调节的,称为一同控制。两个车轮一同控制时有两种方式:如果以保证附着系数较小的车轮不发生抱死为原则进行制动压力调节,则称这两个车轮按低选原则一同控制;如果以保证附着系数较大的车轮不发生抱死为原则进行制动压力调节,则称这两个车轮按高选原则一同控制。按低选原则一同控制较常见。

目前汽车上应用较多的为三通道(前轮独立控制、后轮低选控制)四传感器式、三通道三传感器式和四通道四传感器式 ABS。

(1) 三通道四传感器式 ABS

三通道四传感器式 ABS 如图 3-38 所示,一般采用两个前轮独立控制,两个后轮按低选原则进行一同控制。对两个前轮进行独立控制,主要是考虑到轿车,特别是前轮驱动的汽车,前轮制动力在汽车总制动力中所占的比例较大(可达 70% 左右),可以充分利用两前轮的附着力。这种形式的 ABS 制动方向稳定性较好,但制动效能稍差。

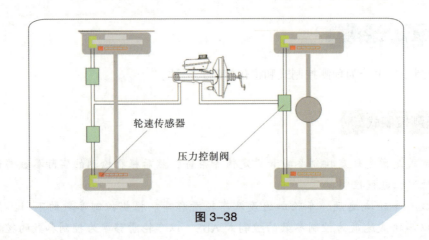

图 3-38

（2）三通道三传感器式 ABS

三通道三传感器式 ABS 如图 3-39 所示，也是采用两个前轮独立控制，两个后轮按低选原则进行一同控制。与三通道四传感器式 ABS 不同的是后桥只有一个轮速传感器，装在差速器附近。这种形式的 ABS 制动方向稳定性较好，但制动效能稍差。

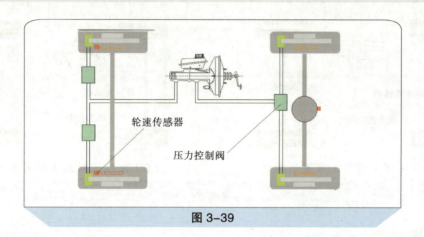

图 3-39

三通道 ABS 的特点如下：

a. 四轮车辆大多采用三通道 ABS，对两前轮的制动压力进行单独控制，对两后轮按低选原则一同控制。

b. 充分利用前轮附着力。

c. 制动距离短。

d. 方向稳定。

e. 广泛采用。

f. 由于三通道 ABS 对两后轮进行一同控制，对于后轮驱动的汽车可以在变速器或主减速器中只设置一个轮速传感器来检测两后轮的平均转速。

（3）四通道四传感器式 ABS

四通道四传感器式 ABS 如图 3-40 所示，每个车轮都有一个轮速传感器且每个车轮的制动压力都是独立控制的。这种形式的 ABS 制动效能好，但在不对称路面上制动时的方向稳定性差。

四通道 ABS 的特点：

a. 独立控制。

b. 最大限度地利用附着力。

c. 易制动跑偏。

d. 很少采用。

e. 对应于双制动管路的 H 型（前后）或 X 型（对角）两种布置形式，四通道 ABS 也有两种布置形式（如图 3-40 所示）。为了对 4 个车轮的制动压力进行独立控制，在每个车轮上各安装一个轮速传感器，并在通往各制动轮缸的制动管路中各设置一个制动压力调节分装置（通道）。

由于四通道 ABS 可以最大限度地利用每个车轮的附着力进行制动，因此汽车的制动效能最好。但在附着系数分离（两侧车轮的附着系数不相等的路面上制动）时，由于同一轴上的制动力不相等，使得汽车产生较大的偏转力矩而产生制动跑偏。因此，ABS 通常不对四个车轮进行独立的制动压力调节。

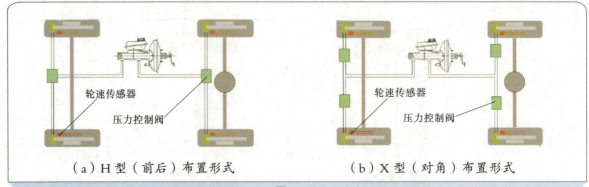

（a）H 型（前后）布置形式　　　　（b）X 型（对角）布置形式

图 3-40

五、ABS 的作用及优点

1. 作用

a. 充分发挥制动器的效能，缩短制动时间和距离。
b. 可有效防止紧急制动时车辆侧滑和甩尾，具有良好的行驶稳定性。
c. 可在紧急制动时转向，具有良好的转向操纵性。
d. 可避免轮胎与地面的剧烈摩擦，减少轮胎的磨损。

2. 优点

ABS 系统的功能是通过调节、控制制动管路中的制动压力，防止车轮在制动过程中抱死而滑移，使其滑移率处于 18%～20% 的边滚边滑的临界运动状态。

其优点如下：
a. 提高汽车制动时的横向稳定性；
b. 保证汽车制动时的方向操纵性；
c. 改善制动效能；
d. 减少轮胎的不正常磨损；
e. 工作可靠，使用方便，经济性较好。

但是我们也应该了解到，ABS 系统本身也有不足：
a. ABS 系统在某些特殊路面（如松散的砾石路面、松土路面或积雪很深的路面）上不能提供最短的制动距离。
b. 汽车在弯道上行驶时，如果汽车行驶速度超过了一定值，即使有 ABS 系统也不能阻止汽车在离心力作用下离开弯道。所以，即使汽车上装有 ABS 系统，也应在使用过程中利用它的优点，了解和克服它的不足之处，比如在弯道上行驶时采取降低行车速度等措施来保证行车安全。

六、ABS 制动系统的主要部件结构和工作原理

1. 轮速传感器

防抱死制动系统的工作需要根据制动时轮速传感器进行控制。因此，及时地向电子控制单元输送轮速信号就成为 ABS 正常工作的前提。轮速传感器的作用就是检测车轮的速度，并将速度信号输入电子控制单元。目前，常用的轮速传感器主要有电磁式和霍尔式两种。

（1）电磁式轮速传感器

① 传感器的结构

如图 3-41 所示，电磁式轮速传感器主要由传感器和齿圈两部分组成。

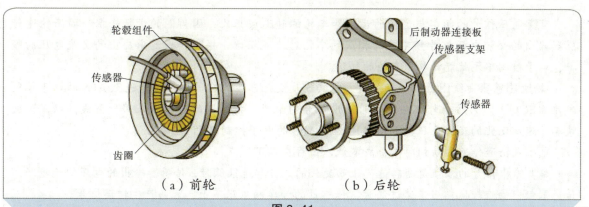

图 3-41

齿圈一般安装在轮毂或轴座上。齿圈随车轮一起转动，通常用磁阻很小的铁磁材料制成。

如图 3-42 所示，传感器通常由永久磁铁、电磁线圈和极轴等组成。它对应安装在靠近齿圈而又不随齿圈转动的部件上，如转向节、传感器支架等固定件上。传感器头与齿圈的端面有一空气间隙，此间隙一般为 1mm，通常可移动传感器的位置来调整间隙。

另外，传感器要求安装牢固，只有这样才能确保汽车在制动过程中的振动不会干扰或影响传感信号正确无误地输出。为了避免灰尘与飞溅的水、泥土等对传感器工作的影响，应保证传感器与齿圈之间的间隙处无异物。

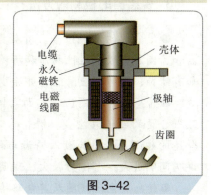

图 3-42

② 传感器的工作原理

电磁式轮速传感器的工作原理如图 3-43 所示。传感器齿圈随车轮旋转的同时，即与传感器极轴作相对运动。当传感器极轴端部与齿圈的齿隙相对时，极轴端部距齿圈之间的空气间隙最大，即磁阻最大。传感器极轴的磁力线只有少量通过齿圈而构成回路，在电磁线圈周围的磁场较弱；当传感器极轴端部与齿圈的齿顶相对时，两者之间的空隙较小，即磁阻最小。传感器极轴的磁力线通过齿圈的数量增多，在电磁线圈周围的磁场较强。齿圈随车轮不停地旋转，就使电磁线圈周围的磁场以强－弱－强－弱……周期性地变化。因此，电磁线圈就感应出交变电压信号，即车轮转速信号，如图 3-44 所示。

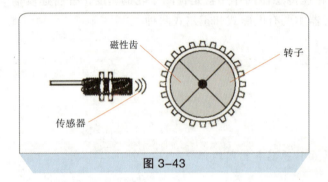

图 3-43

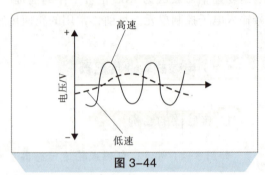

图 3-44

交变电压信号的频率与齿圈的齿数和车轮的转速成正比，因齿圈的齿数一定，因而轮速传感器输出的交流电压信号频率只与相应的车轮转速成正比，根据传感器感应出的交流电压的频率，电子控制单元就能计算出车轮的转速。

轮速传感器由线圈引出两根导线，将其速度变化产生的交流电压信号送至 ABS 的电子控制单元（ECU）。为防止外部电磁波对速度信号的干扰，传感器的引出线采用屏蔽线，以保证反映车轮速度变化的交流电压信号准确地送至 ABS 的电子控制单元（ECU）。

电磁式轮速传感器结构简单，成本低，但存在以下缺点：

● 其输出信号的幅值是随转速变化而变化的。当车速很低时，传感器输出的电压信号较弱，传感器频率响应较低；当车速过高时，传感器的频率响应跟不上，容易产生错误信号。

● 传感器的抗电磁干扰能力较差。

③ 传感器的检测的方法

● 传感器的外观检查。外观检查传感器时，应注意以下内容：传感器安装有无松动；传感器和齿圈是否吸有磁性物质和污垢；传感器导线是否破损、老化；插头是否连接牢固和接触良好，如有锈蚀、脏污，应清除，并涂少量防护剂，然后重新将导线插好，再进行检测。

● 传感器与齿圈齿顶端面之间间隙的检查。传感器与齿圈齿顶端面之间间隙可用无磁性塞尺或合适的硬纸片检查。检查时，将齿圈上的一个齿正对着传感器，选择规定厚度的塞尺片或合适的硬纸片，将其放入轮齿与传感器的头部之间，来回拉动，其阻力应合适。若阻力较小，说明间隙过大；若阻力较大，说明间隙过小。

● 传感器电磁线圈及其电路检测。使点火开关处于 OFF 位置，将 ABS 电子控制单元插接器插头拆下，查出各传感器与电子控制单元连接的相应端子，在相应端子上用万用表电阻挡检测传感器线圈与其连接电路的电阻值是否正常。如桑塔纳2000俊杰轿车ABS轮速传感器电磁线圈的电阻正常值应为1.0～1.2kΩ。

若阻值无穷大，表明传感器线圈或连接电路有断路故障；若电阻值很小，表明有短路故障。为了区分故障是在电磁线圈还是在连接电路，应拆下传感器插接器插头，用万用表电阻挡直接测试电磁线圈的阻值。若所测阻值正常，表明传感器连接电路或插接器有故障，应修复或更换。

● 模拟检查。为进一步证实传感器是否能产生正常的转速信号，可用示波器检测传感器的信号电压及其波形。其方法是：使车轮离开地面，将示波器测试线接于ABS电子控制单元（ECU）插接器插头的被测传感器对应端子上，用手转动被测车轮，观察信号电压及其波形是否与车轮转速相当，以及波形是否残缺变形，以判定传感器或齿圈是否脏污或损坏。

（2）霍尔式轮速传感器

① 传感器的结构

霍尔式轮速传感器也是由传感器和齿圈组成。其齿圈的结构及安装方式与电磁式轮速传感器的齿圈相同。传感器由永久磁铁、霍尔元件和电子电路等组成。

② 传感器的工作原理

如图3-45所示，永久磁铁的磁力线穿过霍尔元件通向齿圈，齿圈相当于一个集磁器。当齿圈位于图3-45（a）所示位置时，穿过霍尔元件的磁力线分散，磁场相对较弱；而当齿圈位于图3-45（b）所示位置时，穿过霍尔元件的磁力线集中，磁场相对较强。

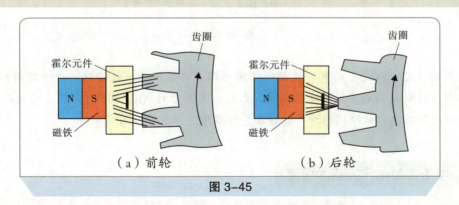

图3-45

齿圈转动时，使得穿过霍尔元件的磁力线密度发生变化，因而，引起霍尔元件电压的变化，霍尔元件将输出一毫伏级的准正弦波电压。此信号由电子电路转化成标准的脉冲电压。

2. 电子控制单元

电控单元是电子控制单元（ECU）的简称。电控单元的功用是根据其内存的程序和数据对空气流量计及各种传感器输入的信息进行运算、处理、判断，然后输出指令，向喷油器提供一定宽度的电脉冲信号以控制喷油量。电控单元由微型计算机、输入、输出及控制电路等组成。

（1）电子控制单元的作用

如图 3-46 所示，电子控制单元（ECU）是 ABS 的控制中枢。其作用是接收轮速传感器及其他传感器输入的信号，对这些输入信号进行测量、比较、分析、放大和判别处理，通过精确计算，得出制动时车轮的加速度和减速度，以判断车轮是否有抱死趋势。再由其输出级发出控制指令，控制制动压力调节器去执行压力调节任务。

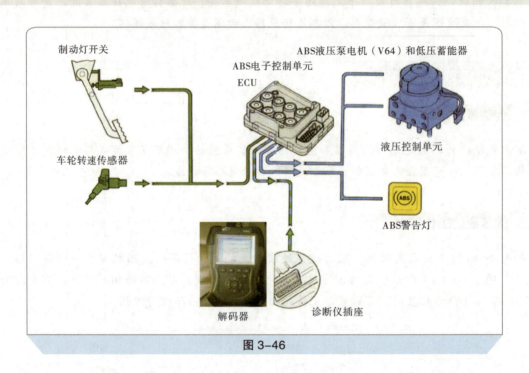

图 3-46

电子控制单元（ECU）还具有监控和保护功能。当系统出现故障时，关闭继动阀门，停止 ABS 的工作，及时转换成常规制动，同时，点亮仪表板上的 ABS 警告灯，提示驾驶人 ABS 出现故障，并将故障信息以故障码的形式储存在存储器中，以便诊断时调取。

（2）电子控制单元的基本构造

电子控制单元从开始研制至今，发展变化很大。硬件由安装在印制电路板上的一系列电子元器件构成。目前，大多数是由集成度高、运算速度快的数字电路组成的，它们封装在金属壳体内，形成一个独立的整体。软件则是固存在只读存储器（ROM）中的一系列控制程序和参数。目前，各种 ABS 电子控制单元的内部电路及控制程序并不相同，但大都由输入级电路、运算电路、电磁阀控制电路和安全保护电路等基本电路组成。

输入级电路是由低通滤波、整形和放大等电路组成的输入放大电路，其功用是将轮速传感器输入的正弦波信号转换成脉冲方波信号，经整形放大后输入运算电路。

输入级电路还接收点火开关、制动开关、液位开关等外部信号。输入级电路除传送轮速传感器监测信号外，还接收电磁阀继电器、泵、电动机、继电器等工作电路的监测信号，并将这些信号处理后送入运算电路。

不同的ABS中轮速传感器的数量不同，输入级放大电路的个数也不同。

运算电路运算电路是ECU的核心，主要由微处理器构成。其功用是根据轮速传感器等输入的信号，按照软件特定的逻辑程序进行计算、分析和处理，形成相应的控制指令。

经转换放大后的轮速传感器信号输入车轮线速度运算电路，由电路计算出车轮的瞬时速度。初始速度、滑移率及加减速度运算电路根据车轮瞬时线速度计算出初速度，再把初速度和车轮瞬时线速度进行比较运算，最后得到滑移率和加速度、减速度。电磁阀控制参数运算电路根据计算出的滑移率和加、减速度信号，计算出电磁阀控制参数输入到输出级。

电子控制单元中一般设有两套运算电路，同时进行运算和传递数据，利用各自的运算结果相互比较、相互监视，确保可靠性。

电磁阀控制电路的功用是接受运算电路输入的电磁阀控制参数信号，控制大功率晶体管向电磁阀提供控制电流。

安全保护电路：
- 将汽车电源（蓄电池、发电机）提供的12V的电压变为ECU内部所需的5V标准稳定电压，同时，对电源电路的电压是否稳定在规定的范围进行监控。
- 对轮速传感器输入放大电路、运算电路和输出级电路的故障信号进行监视。

输出级电路的主要功用是将运算电路输出的数字控制信号（如控制压力减小、保持、增大信号）转换成模拟控制信号，通过控制功率放大器，驱动执行器工作。

（3）电子控制单元的检测

电子控制单元是一个不易损坏的部件，检测时可通过检测其控制的部件工作是否正常来判断它的性能是否良好。

检测时应满足以下条件：
- 熔丝完好。
- 关闭用电设备，如前照灯，空调等。

3. 制动压力调节器

制动压力调节器是汽车制动系统的基本组成之一。制动压力调节器串接在制动主缸与轮缸之间，通过电磁阀直接或间接地控制轮缸的制动压力。通常，把电磁阀直接控制轮缸制动压力的制动压力调节器称作循环式调节器，把间接控制制动压力的制动压力调节器称作可变容积式调节器。图3-47所示为制动液压调节器实物图。

图3-47

（1）制动压力调节器的作用

在制动时根据 ABS 的电子控制单元（ECU）的控制指令，自动调节制动轮缸的制动压力的大小，使车轮不被抱死，并处于理想滑移率的状态。

（2）制动压力调节器的类型

制动压力调节器的分类方法有以下几种：

a. 根据压力调节器的动力源不同分为液压式和气压式两种。液压式主要用于轿车和一些轻型载货汽车上；气压式主要用在大型客车和载货汽车上。

b. 根据压力调节器与制动主缸的结构关系不同可分为整体式和分离式两种。整体式制动压力调节器与制动主缸制成一体；分离式制动压力调节器与制动主缸分开，通过制动管路与制动主缸相连。

c. 根据压力调节器的调压方式不同可分为流通式和变容式两种。流通式也叫循环式，它是在制动主缸与制动轮缸之间串联一个电磁阀，直接控制轮缸的制动压力。变容式也叫容积变化式，它是在汽车原有制动管路上增加一套液压控制装置，用它控制制动管路中制动液容积的增减，从而控制制动压力的变化。现代轿车广泛采用液压分离流通式制动压力调节器。

4. 储能器

储能器可分为高压储能器与低压储能器，如图 3-48 所示。高压储能器的作用是向车轮制动轮缸、制动助力装置供给制动液，作为制动能源。

低压储能器的结构形式多种多样，但一般位于电磁阀和 ABS 泵之间，由制动轮缸来的制动液进入储能器，进而压缩弹簧使储能器液压腔容积变大，以暂时储存制动液。在常规制动和防抱死制动系统工作时，高压储能器均可提供较大压力的制动液。

图 3-48

5.ABS 泵

ABS 泵的作用是提高液压制动系统内的制动液压力，为 ABS 正常工作提供基础压力。

ABS 泵通常是直流电动机和柱塞泵的组合体。如图 3-49 所示，一般由电动机、泵元件、调节器总体、蓄能器、电磁阀线圈、阀体、ABS ECU 等组成。其中，直流电动机的工作由安装在柱塞泵出液口处的压力控制开关控制。当出液口处的压力低于设定的控制压力（14MPa）时，压力开关触点闭合，电动机即通电转动带动柱塞泵运转，将制动液泵送到高压储能器中；当出液口处的压力高于设定的控制压力时，开关触点断开，电动机及柱塞泵因断电而停止工作。如此往复，将柱塞泵出液口和高压储能器处的制动液压力控制在设定的标准值之内。

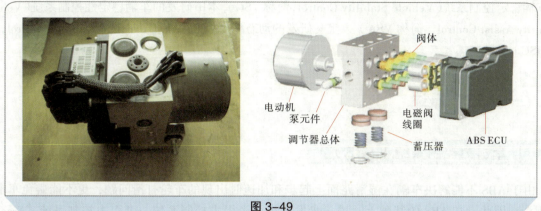

图 3-49

6. 电磁阀

常用的电磁阀有三位三通阀和二位二通阀等多种形式。其作用是自动调节制动轮缸的制动压力的大小。

7. 压力控制开关和压力警告开关

压力控制开关和压力警告开关安装在制动压力调节器的 ABS 泵一侧。

压力控制开关的作用是监视高压储能器下腔的压力。它由一组触点组成，且独立于 ABS 电子控制单元（ECU）而工作。当液压压力下降到约 14MPa 时，开关闭合，使 ABS 泵继电器通电，触点闭合，电源通过继电器触点向 ABS 泵直流电动机供电使其工作。

压力警告开关的作用是当压力下降到一定值（14MPa 以下）时，先点亮红色制动系统故障指示灯，紧接着点亮琥珀色或黄色 ABS 故障灯。同时，电子控制单元停止防抱死制动工作。

任务六　ESP 电子稳定控制系统

车身电子稳定系统（Electronic Stability Program，简称 ESP），是博世（BCSCH）公司的专利，博世是第一家把电子稳定程序（ESP）投入量产的公司。因为 ESP 是博世公司的专利产品，所以只有博世公司的车身电子稳定系统才可称之为 ESP。在博世公司之后，也有很多公司研发出了类似的系统，如日产研发的车辆行驶动力学调整系统（Vehicle Dynamic Control，简称 VDC），丰田研发的车辆稳定控制系统（Vehicle Stability Control，简称VSC），本田研发的车辆稳定性控制系统（Vehicle Stability Assist Control，简称VSA），宝马研发的动态稳定控制系统（Dynamic Stability Control，简称DSC）等等。

一、ESP 概述

1. 牵引力控制系统（TCS）

由于ABS不能解决车辆在湿滑路面上起步和加速时出现的车轮打滑问题，更不能避免车辆发生侧滑，因此，在ABS的基础上，进一步发展出了牵引力控制系统。牵引力控制系统（Traction Control System——TCS），又称为驱动防滑控制系统（AntiSlip Regulation——ASR），TCS解决车辆在光滑路面打滑的棘手难题。功能是防止汽车尤其是大马力的车子在起步或加速时，如果某个车轮出现了打滑的趋势（轮速传感器不断监视着每个车轮），TCS会通过对发动机和制动的立即干预避免车轮打滑，使车辆能够安全地起步或加速。保持良好的操控性及尽可能利用车轮 – 路面间纵向附着能力，提供最适当的驱动力，达到良好的行车安全。它还有助于避免车辆在急加速过弯时发生甩尾。

2. 电子稳定程序控制（ESP）

ESP的效能超越了ABS和TCS两个系统的功能结合：除了影响横向动态性能外，而且还具有防止车辆在行驶时侧滑的功能。它通过传感器对车辆的动态进行监测，必要时会对某一个车轮或者某几个车轮进行制动，甚至改变发动机的动力输出，且能够识别危险状况，并无需驾驶者作出任何动作而自行采取行动。

ESP提高了所有驾驶工况下的主动安全性。尤其是在转弯工况下，即是在横向力起作用的情况下，ESP能维持车辆稳定和保持车辆在车道上正确行驶。ABS和TCS只在纵向起作用。ESP结合了侧滑率传感器，并集成横向加速度传感器及转向角度传感器。此外，ESP应用了ABS/TCS的所有部件，并基于功能更强大的新一代电子控制单元。

二、ESP 的分类

目前ESP有3种类型：
- 4通道或4轮系统，能自动地向4个车轮独立施加制动力。
- 2通道系统，只能对2个前轮独立施加制动力。
- 3通道系统，能对2个前轮独立施加制动力，而对后轮只能一同施加制动力。

三、ESP 的工作原理与控制过程

1. ESP 工作原理

ABS/TCS 系统就是要防止在车辆加速或制动时出现我们所不期望的纵向滑移，而 Electronic Dynamic Control /ESP 就是要控制横向滑移。他是各种工况下的一个主动安全系统，处理各种异常情况，减轻驾驶员的精神紧张及身体疲劳。ESP 系统工作简图如图 3-50 所示。

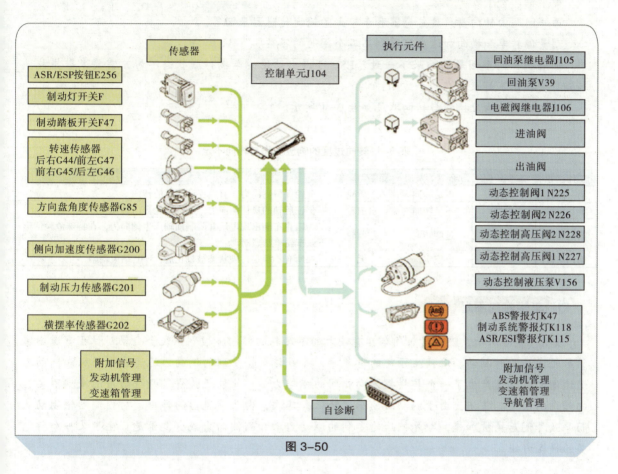

图 3-50

只要 ESP 识别出驾驶员的输入与车辆的实际运动不一致，它就马上通过有选择的制动/发动机干预来稳定车辆。

ESP 首先通过方向盘转角传感器及各车轮转速传感器识别驾驶员转弯方向（驾驶员意愿），ESP 通过横摆角速度传感器（英文原称为 Yaw Rate Sensor），识别车辆绕垂直于地面轴线方向的旋转角度及侧向加速度传感器识别车辆实际运动方向。

ESP 判定出现不足转向时，将制动内侧后轮，使车辆进一步沿驾驶员转弯方向偏转，从而稳定车辆。

ESP 判定出现过度转向时，ESP 将制动外侧前轮，防止出现甩尾，并减弱过度转向趋势，稳定车辆。如果单独制动某个车轮不足以稳定车辆，ESP 将通过降低发动机扭矩输出的方式或制动其他车轮来满足需求。

2. ESP 控制过程

（1）车辆行驶状态不好表现的表现

为了让 ESP 系统对不良行驶做出反应，首先要清楚两个问题：
- 驾驶人向什么方向转向。
- 车辆向哪个方向行驶。

第一问题由转向盘角度传感器和车轮上的轮速传感器来回答。

测量偏转率和横向加速度可得到第二个问题的答案。

如果测出两个问题的结果不一致，ESP 可得出结论：车辆行驶状态不好，需要采取措施。车辆行驶状态不好表现在两个方面：

转向过度的响应操作与转向不足如表 3-1 所示。

表 3-1 转向过度的响应操作与转向不足

工作过程	车辆转向	行驶状态	受制动车轮	目的
第一阶段	向左	不足转向	左后轮	前轮保留侧向力，有效保证车辆的转向
第二阶段	向右	不足转向	右前轮	保证后轴的最佳侧向力，后轴车轮自由转动
第三阶段	向左	过度转向	左前轮	为阻止车辆出现甩尾并限制前轴产生侧向力，在特殊危险情形下该车轮将剧烈制动
第四阶段	中间	稳定	无	在所有不稳定行驶状态被校正后，ESP 结束调整

① 车辆转向不足

如图 3-51 所示，ESP 判别汽车具有较大的不足转向倾向，控制系统会自动对位于弯道内侧的后轮实施瞬时制动，以产生预定的滑移率，导致该车轮受到的侧向力迅速减少而纵向制动力迅速增大，于是产生了一个与横摆方向相同的横摆力矩。此外还获得了两个附带的减少不足转向倾向的因素。首先，由于制动而使车速降低；其次，由于差速器的作用，对内侧后轮制动从而导致外侧后轮被加速，即外侧后轮受到的驱动力增加而侧向力减少，于是产生了又一个所期望的横摆力矩。

② 车辆转向过度

如图 3-52 所示，在出现过度转向时，驱动力分配系统就会降低驱动力矩，以提高后轴的侧向附着力。地面作用于后轴的侧向力相应会提高，从而产生一个与过度转向相反的横摆力矩。位于弯道外侧的非驱动前轮开始时几乎不滑动，若仅依靠动力分配系统还不能制止开始发生的不稳定状态，控制系统将自动对该前轮实施瞬时制动，使它产生较高的滑移率，导致该车轮受到的侧向力迅速减少而纵向制动力迅速增大，于是也产生一个与横摆方向相反的横摆力矩。由于对一个前轮制动，车速也会降低，从而获得了一个附带产生的有利于稳定性的因素。

任务六　ESP 电子稳定控制系统

图 3-51

图 3-52

（2）装配 ESP 汽车躲避障碍物时的行驶状况

装配 ESP 汽车躲避障碍物时的行驶状况如图 3-53 所示。

① 紧急制动，猛打方向盘，车辆有转向不足的倾向。
② 增加右后轮制动压力车辆按照转向意图行驶。
③ 恢复正常的行驶路线，车辆有转向过度的倾向，在左前轮上施加制动。
④ 车辆保持稳定。

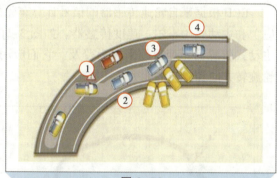

图 3-53

四、ESP 的组成部分

ESP 主要部件是：控制单元（ECU）、转向盘转角传感器、转速传感器、横向偏摆率传感器、横/纵向加速度传感器及液压系统等。ESP 工作原理如图 3-54 所示。

传感器：转向传感器、车轮传感器、侧滑传感器、横向加速度传感器、方向盘油门刹车踏板传感器等。这些传感器负责采集车身状态的数据。

ESP 电脑：将传感器采集到的数据进行计算，算出车身状态然后跟存储器里面预先设定的数据进行比对。当电脑计算数据超出存储器预存的数值，即车身临近失控或者已经失控的时候则命令执行器工作，以保证车身行驶状态能够尽量满足驾驶员的意图。

执行器：ESP 的执行器就是 4 个车轮的刹车系统，其实 ESP 就是帮驾驶员踩刹车。和没有 ESP 的车不同的是，装备有 ESP 的车其刹车系统具有蓄压功能。简单的说蓄压就是电脑可以根据需要，在驾驶员没踩刹车的时候替驾驶员向某个车轮的制动油管加压好让这个车轮产生制动力。

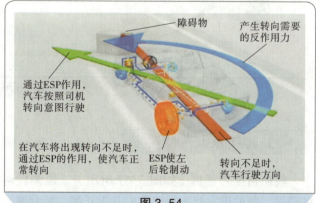

图 3-54

五、ESP 各主要部件介绍

1.ECU 的液压模块

液压模块执行 ECU 指令，并通过电磁阀调整各车轮制动缸的制动力。它位于发动机舱，布置在制动主缸与车轮制动分缸之间，如图 3-55 所示。因此，确保了制动主缸与车轮制动分缸之间的制动管路能得以缩短。如同担当系统控制功能一样，ECU 也接管了系统所有电气和电子的控制职能。

图 3-55

2.轮速传感器

ECU 根据来自轮速传感器的信号计算车轮的转速。有两种不同工作原理的传感器：被动式（感应）和主动式（霍尔）速度传感器。如图 3-56 所示轮速传感器主要由磁铁、线圈、磁极等组成。主动式传感器正变得越来越为普及。它们应用磁场对轮速进行非接触式检测，同时还具备识别车轮旋转方向和停转的能力。

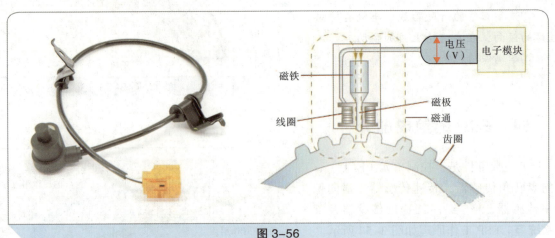

图 3-56

3.转向角度传感器

转向角度传感器（如图 3-57 所示），监测转向盘旋转的角度，帮助确定汽车行驶方向是否正确。结合来自轮速传感器和转向角度传感器的输入信息，ECU 计算出车辆的目标动作。转向角度传感器的工作范围（量程）为 720°。在方向盘满舵转动范围内，其误差在 5° 之内。

图 3-57

任务六　ESP 电子稳定控制系统

4. 侧滑率传感器

侧滑率传感器记录汽车绕垂直轴线的旋转，确定汽车侧滑与否（实物如图 3-58 所示），并且监测车辆转向的数据。旋转的角度取决于由 ECU 测得的横向加速值，并将从其他传感器传来的信号整合，判定驾驶者的意图与实际车辆动态，进而取用修正后的参数，供刹车系统或动力系统参考，防止车辆侧滑。

图 3-58

5. 与发动机管理系统的通讯

发动机管理系统包括：ECU、加速踏板传感器、节气门执行器、燃油喷射器和点火模块。电子控制单元（ECU）是 ESP 控制系统的核心部件，它一般具有两个微处理器，一个用来计算控制逻辑，一个用于故障诊断和处理，两个微处理器通过内部总线相互交换信息。除了微处理器以外，ECU还包括电源管理模块、传感器信号输入模块、液压调节器驱动模块、各种指示灯接口以及 CAN 总线通讯接口等。现在的 ECU 大多与液压调节器安装在一起，通过电磁线圈与电磁阀阀芯之间的电磁耦合连接，这样不仅减少了连线的长度，又结构紧凑。

6. 液压调节器

液压调节器是 ESP 控制系统的主要执行机构，如图 3-59 所示，其基本结构与 ABS/TCS 液压调节器相似，只是为了提高响应速度，ESP 控制系统的液压调节器比 ABS/TCS 液压调节器多了预压泵（PCP：Precharge Pump）和压力生成器（PGA：Pressure Generator Assembly）。

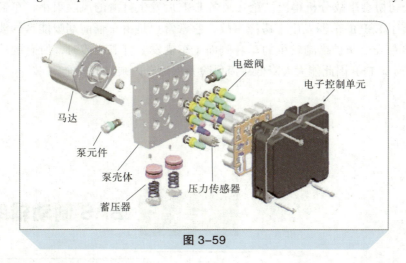

图 3-59

六、ESP 的用途

ESP 系统的出现，极大地改善了汽车在行驶过程中的安全性和操纵性，特别是在路况很差，路

175

面被雨水和冰雪覆盖时，ESP 控制系统在车辆行驶过程中，始终监测车的运动状态，尤其是与转向相关的运行状态。一旦出现不稳定的预兆，ESP 控制系统便实时予以修正，从而使汽车的行驶安全性大大提高，驾车人员感觉更灵活，更快捷，更安全。ESP 系统使汽车在极限状况下更容易操纵，它可以降低汽车突然转向时的危险，提高方向稳定性。ESP 系统可以辨识汽车的趋向，并且做出反应，它可在单个车轮上施加制动力，从而产生附加横摆调节力矩，帮助汽车回到正确的方向上来。

1. ESP 降低事故风险

当不得不采取紧急避让动作时，也许弯道比预料的还要急拐，或者路面状况突然发生变化时，ESP 能降低事故风险。德国保险公司协会推荐所有尺寸规格的乘用车都将 ESP 作为标准装置。

2. ESP 避免打滑

德国保险公司协会通过对受调查事件碰撞之前情况的研究，显示 25% 导致严重人员伤害事故的车辆发生了打滑。ESP 极大地提高对车辆的操控能力。

3. ESP 避免侧面碰撞

研究也证实了碰撞死亡事故中有 60% 因侧面碰撞所致。ESP 能意识到打滑的危险，并在车道上稳定车辆，因此能帮助驾驶者保持操纵，以避免危险。

4. ESP 增强被动驾驶安全性

德国保险公司协会事故分析得出结论：装备 ESP 后发生打滑的风险很小，车辆能够保持稳定行驶。如果安装了 ESP 的车辆发生了碰撞事故，它常常也是由车辆前端吸能区的溃变来吸收碰撞能量，而不是自身安全防护措施较少的车身侧面（车辆发生打滑碰撞时，所有的冲击能量都集中在车身侧面上了）。ESP 因此能大大降低碰撞风险并保障车内乘员的安全。

任务七　BAS 制动辅助系统

发明辅助制动系统的想法是 1992 年在戴姆勒－奔驰的汽车行驶模拟器中产生的。科研人员发现，90% 的驾驶员在紧急制动时反应过慢或不够果断，使得制动系统到达最大制动力的时间变长，从而产生更长的制动距离，增加行车危险性。日本丰田公司 HiroakiYoshida 等人研究发现，在 50

次被调查的碰撞事故中，78%的驾驶员没有以最大的制动力进行制动。在随后的试验中，208名年龄在18~70岁的驾驶员参与了试验，结果表明在紧急制动时，47%的驾驶员没有以足够大的踏板力进行制动，其中甚至包括一些年轻并且经验丰富的驾驶员。在丰田公司的试验中还有一项内容，就是将制动助力加大，使人轻踩踏板就能触发ABS。但经过一段时间被试者马上就习惯了以更轻的踏板力进行制动，踩制动踏板用的力量更小，结果ABS还是无法在紧急状况下迅速起动。日产公司也进行过类似试验，发现刹车不够有力的人往往反应也稍慢。奔驰、日产和丰田公司的工程师对此找到了共同的对策：让现有的ABS具有一定智能，能识别出司机的紧急制动意图并起动ABS工作，这种装置就是制动辅助系统（BAS）。

丰田公司介绍，在干燥的路面上，如果没有使用制动辅助系统，大多数测试者最多需要73m的制动距离，才能把速度为100km/h的汽车完全停下，而使用辅助制动系统时，仅经过40m就能使汽车完全停下，制动距离缩短约45%。若BAS起动，当踏板力达最大踏板力的60%时，BAS能使紧急制动距离缩短30%。据测算，当车辆有效制动距离减少45%时，事故的发生概率会大大降低。对于像老人或女性这种脚踝及腿部力量不足的驾驶者来说，BAS的优势则会体现得更加明显。

一、制动辅助系统的类型

不同的车轮滑行控制系统制造商采用不同的方法开发制动辅助系统。目前，可分为三大类：
a. 电子式制动辅助系统；
b. 液压式制动辅助系统；
c. 机械式制动辅助系统。

在液压式制动辅助系统（BOSCH公司开发的就是这类系统）中由ABS/ESP液压系统的回液泵产生压力，液压式制动辅助系统便是由此而得名，这种形式也称为主动建压。这种结构的优点在于它不需要在系统中另外增加部件。在大众公司，目前，这种液压式制动辅助系统被装备在Polo的2002年款、帕萨特的2001年款和D级车上。

Continental-Teves公司的机械式制动辅助系统是通过真空助力器中的机械部件来实现建压和识别紧急情况的。机械式制动辅助系统被装备在高尔夫和宝来的最新车型上。

这两类系统都利用现有的系统部件来实现制动辅助系统的功能。因此，制动辅助系统的功能必须结合ESP的功能。

二、电子式制动辅助系统

电子式刹车辅助系统（Electronic Brake Assistant，EBA）是专为那些在非常紧急的事件中，驾驶者不能迅速踩下刹车踏板而设计的。该系统利用传感器感应驾驶者对制动踏板踩踏的力度与速度大小，然后通过计算机判断驾驶者此次刹车意图。如果属于非常紧急的制动，EBA 此时就会指示制动系统产生更高的油压使 ABS 发挥作用，从而使制动力快速产生，缩短制动距离。而对于正常情况刹车，EBA 则会通过判断不予起动 ABS。EBA 可以有效防止常见的意外"追尾"。

1. 结构组成

电子式制动辅助系统结构组成如图 3-60 所示。

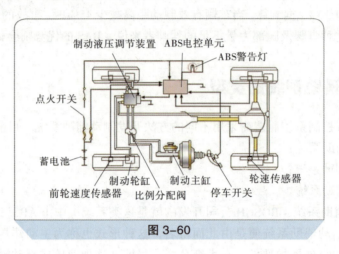

图 3-60

2. 工作原理

传感器通过分辨驾驶员踩踏板的情况，识别并判断是否引入紧急刹车程序。由此该系统能立刻激发最大的刹车压力，以达到可能的最高刹车效果，达到理想的制动效果以制止交通事故的发生。

当驾驶人在紧急情况下迅速踩制动踏板，而踩制动踏板的力矩不足时，EBA 系统便会在几毫秒的时间内把制动力增至最大。其速度要比大多数驾驶人移动脚的速度快得多，在制动踏板刚踩下部分行程时就可以有效停车，提前达到制动的最大力矩，缩短紧急制动情况下的制动距离。

在遇到紧急情况时，大多数驾驶人能很快地踩制动踏板，但达不到强劲有力，或者在最初碰撞平息时，驾驶人会过早地放松制动踏板，这两点正是 EBA 系统要解决的。EBA 系统一旦监测到驾驶人踩制动踏板的速度陡增，而且继续大力踩制动踏板，就认为紧急制动，会释放出 ABS 蓄能器内储存的 18MPa 的制动液压力（而在正常情况下常规制动只能使主缸制动液产生 2～8MPa 的制动液压力），使之通过蓄能器在 ABS 泄压程序的工作通道进入主缸的两个工作腔，在几毫秒的时间内建立起最大的制动力量。例如，当汽车在速度为 100km/h 时紧急制动时，EBA 系统会使制动距离缩短 45%，有效防止发生追尾事故。当驾驶人释放制动踏板时，EBA 系统就转入待机模式。由于更早地施加了最大的制动力，EBA 系统可提前制动，显著缩短制动距离，并有效防止在停停走走的交通路况中发生追尾事故。

EBA 系统在蓄能器内高压制动液的作用下（而不是在主缸推杆的推动下，因主缸推杆还没有到位），只需要几毫秒就可以完成工作行程，实现有效制动。

3. 主要作用

a. 用以在踩刹车的情况下，防止车轮锁死，使汽车在制动状态下仍能转向，保证汽车的制动方向稳定性，防止产生侧滑和跑偏。

b. 与汽车制动时产生轴荷转移的不同，自动调节前、后轴的制动力分配比例，提高制动效能。

c. 判断驾驶者刹车动作，在紧急刹车时增加刹车力，缩短刹车距离。

d. 当汽车出现车轮打滑、侧倾或者轮胎丧失附着力的瞬间，在降低发动机转速的同时有目的地针对个别车轮进行制动控制，并最终将车引入正常的行驶轨道，从而避免车辆因失控而造成的危险。

e. 通过控制驱动力的大小，来减小驱动轮轮胎的滑转率，防止磕碰，让车趋于稳定。

三、液压制动辅助系统

1. 系统组成

如图3-61所示，液压式制动辅助系统主要由真空助力器、制动力传感器、转速传感器、制动信号灯开关、液压单元、控制单元、回液泵和车轮制动轮缸等组成。

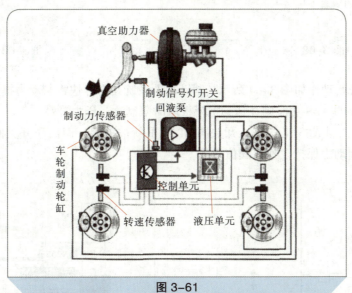

图3-61

BOSCH公司的制动辅助系统的核心部件是集成了ABS控制单元和回液泵的液压单元。液压单元中的制动力传感器、转速传感器和制动信号灯开关向制动辅助系统提供信号，令它能识别紧急情况。

车轮制动轮缸的压力升高通过对液压单元中的特定阀门和ABS/ESP的回液泵的控制来实现。

与带有制动辅助系统的车辆相比，没有制动辅助系统的车辆较晚进入ABS控制区域。因此，制动距离较长。

2. 系统功能

制动辅助系统的功能可分为两个阶段，如图 3-62 所示。

第一阶段——制动辅助系统开始动作。

第二阶段——制动辅助系统结束动作。

当激发条件被满足时，制动辅助系统提高制动力直到 ABS 控制区域。通过这种主动式建压将很快达到 ABS 调节区域。

如图 3-63 所示，液压单元中的开关阀 N225 打开，并且高压开关阀 N227 关闭。这样，在回液泵中所建立的压力便直接被传送到车轮制动轮缸。

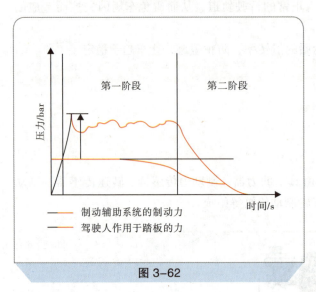

图 3-62

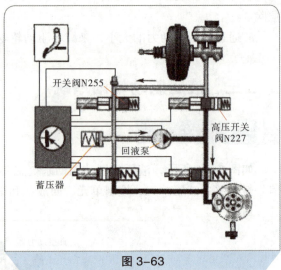

图 3-63

制动辅助系统开始动作如图 3-64 所示，制动辅助系统具有尽快将制动力提高到最大值的功能，用以防止车轮被抱死的 ABS 功能则在达到抱死极限时限制这一压力升高。

如图 3-65 所示，当 ABS 工作时，开关阀 N225 重新被关闭，而高压开关阀 N227 则被打开。回液泵的输送量将制动力保持在抱死阈值之下。

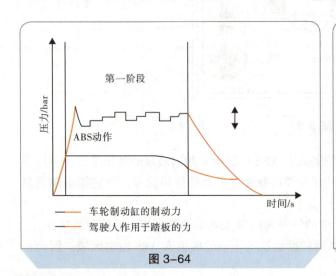

图 3-64

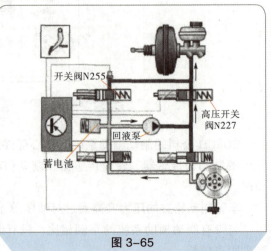

图 3-65

制动辅助系统结束动作如图 3-66 所示,如果驾驶人减小踏板力,则激发条件不复存在。制动辅助系统由此判断出紧急情况已经排除,并切换到第二阶段。这时,车轮制动轮缸中的制动力将根据驾驶人的踏板压力来调节。从第一阶段到第二阶段的过渡不是跳跃式的,而是一种令人舒适的过渡。这时,制动辅助系统减少它在总制动力中所占的压力份额,以降低踏板力。当它的压力份额最终达到零时,便回复到了正常的制动功能。

如图 3-67 所示,当车辆行驶速度低于所设定的值时,制动辅助系统也将终止它的制动作用。在上述两种情况下,将通过液压单元中相应阀门的控制来降低制动力。制动液将回流到蓄压器中,并由回液泵送回到制动液储液罐中。

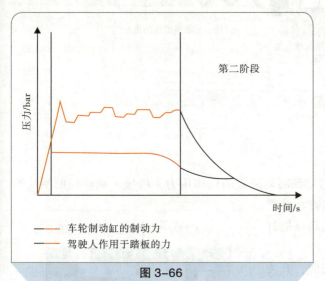

图 3-66

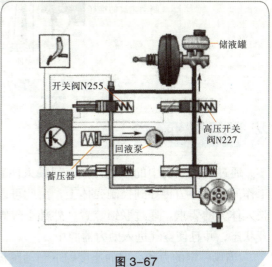

图 3-67

四、机械式制动辅助系统

1. 系统组成

Continental-Teves 机械式制动辅助系统的核心件是真空助力器中的一个机械开关组。真空助力器有一个助力器腔和一个真空腔。在未进行制动时,通过抽吸管路在两个空腔中形成真空。在制动时,大气压力进入助力器腔中,制动助力装置便开始工作。由此,在助力器腔和真空腔之间形成了一个压力差,使外部的大气压力对制动动作提供助力。

如图 3-68 所示,机械开关组由一个弹簧卡圈,一个阀活塞和一个带球和球套筒的球支架组成。

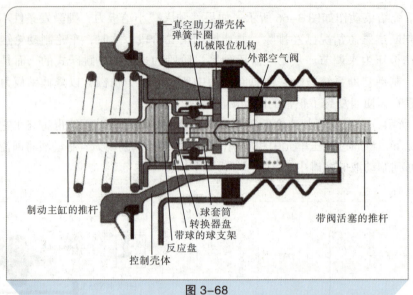

图 3-68

2. 系统功能

通过制动系统中的压力升高，驾驶人能感觉到制动踏板的反作用力。机械式制动辅助系统的工作原理是将力传导到控制壳体上，由此可以减小对驾驶人体力的要求。通过联锁装置，外部空气阀将保持打开状态，并且使空气进入助力器腔中。

当以一定的力和一定的速度踩下制动踏板时，开关组被锁止，制动辅助系统开始工作。

如图 3-69 所示，在这种情况下，阀活塞发生移动，球支架中的球被向内推动。这样，卡圈便可以移动到它的限位处，开关组便被锁止。

如果制动踏板踩得太慢，则制动辅助系统将不起作用。这就意味着当驾驶人为了进一步增强制动而加力时，制动系统的反作用力将通过制动踏板传递给驾驶人。

当制动踏板被快速踩下时，制动辅助系统便产生作用。反作用力的大部分将通过开关组的锁定被传导到控制壳体上，驾驶人只需要克服很小的力，便能获得较强的制动力。

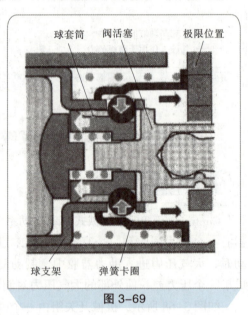

图 3-69

3. 制动辅助系统起动

是否触发机械式制动辅助系统，根据两个变化量之比而定：一个是踩下制动踏板；另一个是踩下制动踏板的力量。如图 3-70 所示，图中标出了触发阀值。在触发阀值的上方，制动辅助系统进入工作状态。

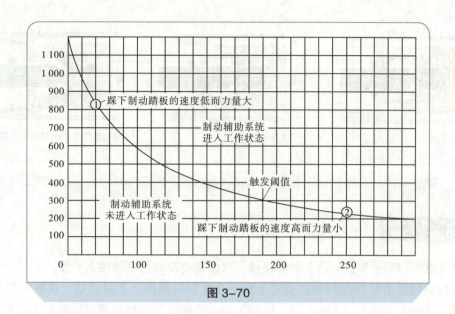

图 3-70

具体工作原理：以下简图显示各组件相互间的运动。

如图 3-71（a）所示，当超过了触发阈值时，绿色组件向反应盘施加很大的压力。淡红色组件由于自身的惯性而不能随着这一快速的初始运动而作出同样快速的运动。

如图 3-71（b）和图 3-71（c）所示，由于绿色组件和淡红色组件之间的相对位移，球滚入绿色组件中的凹槽内。这时卡圈的移动不再受球的阻碍并锁定开关组。由于卡圈已处于新的位置，球就无法回复到它的初始位置。

综上所述，在这个位置上，来自制动系统的反作用力将被传导到壳体上。

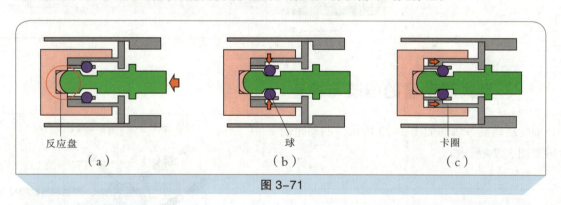

图 3-71

4. 制动辅助系统退出

具体工作原理：以下简图显示各组件相互间的运动。

如图 3-72（a）所示，当驾驶人将脚从制动踏板上移开时，淡红色组件和绿色组件一起退回到壳体上的限位处。

如图 3-72（b）所示，由于整个机械机构在真空助力器内继续向后运动，于是，淡红色组件与卡圈之间发生了相对位移。这样，使得卡圈松开球。

如图 3-72（c）所示，在最后阶段，球被绿色组件重新推回到它的初始位置，紧急制动功能被终止。

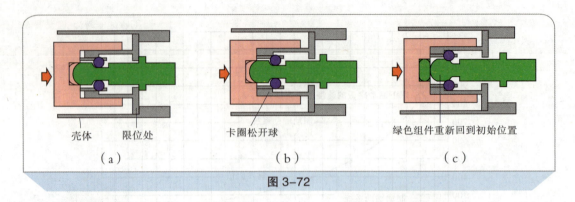

图 3-72

5. 功能检查

在发动机运转和车辆静止时踩下制动踏板,以保证制动辅助系统的真空度。

机械式制动辅助系统将在制动踏板完全踩下并在触发阈值之上时起动。在触发机械式制动辅助系统时可以听到真空助力器发出一下"咔嚓"声。这时,制动踏板便可以用较小的力踩下。

当完全松开制动踏板时,制动辅助系统必须解除联锁(在制动系统中没有液压压力)。

任务八　制动系统的拆装与故障诊断

一、盘式制动器的拆装与检查

前轮制动器分解图如图 3-73 所示,制动钳的分解如图 3-74 所示。

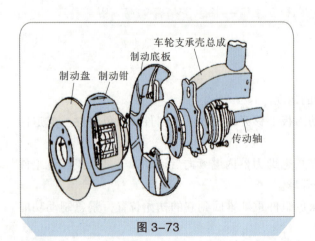

图 3-73

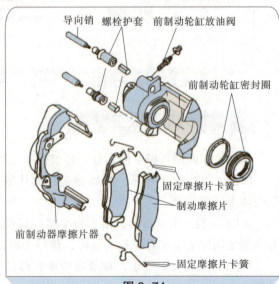

图 3-74

二、前盘式制动器的安装和构件的检查

（1）检查制动总泵储液罐中的液位，如图3-75所示。

如果制动液液位处于最满标记和最低允许液位之间的中间位置，则在开始本程序前不必排出制动液。

如果制动液液位高于最满标记时，则在开始前应将制动液排出至中间位置，如图3-76所示。

图3-75

图3-76

（2）举升和顶起车辆。

（3）拆下轮胎和车轮总成，如图3-77所示。

（4）抓住制动钳壳体，并试着相对于制动钳安装托架上/下和前/后方向移动制动钳壳体。如果观察到过于松动，则可能需要更换制动钳托架衬套和/或制动钳安装螺栓。

（5）压缩前制动钳活塞。

①将大型C形夹钳1安装至制动钳壳体顶部，并抵住外侧制动片背部，如图3-78所示。

②缓慢地紧固C形夹钳1，直到将制动钳活塞完全压入制动钳孔内。

③将C形夹钳1从制动钳上拆下。

图3-76

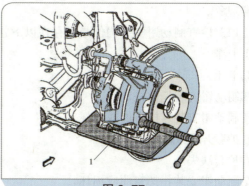

图3-77

（6）随着活塞压入制动钳孔内，抓住制动钳壳体并在制动钳安装螺栓上前后滑动。检查操作是否顺畅。如果制动钳壳体滑动力过大或制动钳壳体滑动不顺畅，检查制动钳安装螺栓和/或制动

钳安装托架衬套是否磨损或损坏。如果发现磨损或损坏状况，有必要更换制动钳安装螺栓和/或制动钳安装托架衬套。

（7）从制动钳安装托架上拆下制动钳安装螺栓，并用粗钢丝支撑住制动钳。切勿将液压制动软管从制动钳上拆下，如图3-79所示。

（8）将盘式制动片从制动钳安装托架上拆下，如图3-80所示。

图 3-79

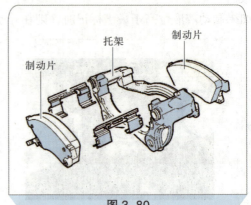

图 3-80

（9）检查盘式制动片安装构件是否存在以下状况：
①安装构件缺失。
②严重腐蚀。
③衬垫固定件弹簧弯曲，如图3-81所示。
④制动钳安装托架松动。
⑤盘式制动片松动。
⑥制动钳安装托架表面和螺纹污染物过多。

（10）如果发现上述任何状况，则需更换盘式制动片的安装构件。

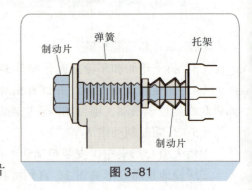

图 3-81

（11）确保盘式制动片在制动钳安装托架上牢固固定到位，而且在安装构件上滑动顺畅，没有卡滞现象。

（12）检查制动钳安装构件是否存在以下状况：
①卡滞。
②卡死。
③制动钳安装托架松动。
④制动钳安装螺栓弯曲或损坏。
⑤护套开裂或破损。
⑥护套缺失。
⑦制动钳安装托架弯曲或损坏。
⑧制动钳开裂或损坏。

（13）如果发现上述任何状况，则需要更换制动钳安装构件。

（14）将盘式制动器制动钳安装至制动钳安装托架，如图3-82所示。

（15）将盘式制动片安装至制动钳安装托架，如图3-83所示。

图 3-82

图 3-83

三、鼓式制动器的拆装与检查

后轮制动器分解如图 3-84 所示。

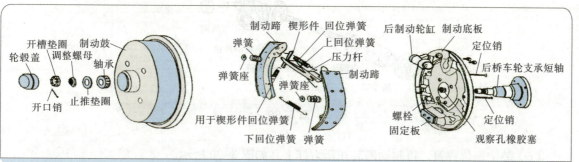

图 3-84

（1）用专用工具卸下轮毂盖，如图 3-85 所示。

（2）用螺丝刀通过制动鼓螺孔向上拨动楔形块，使制动蹄与制动鼓放松，如图 3-86 所示。

图 3-85

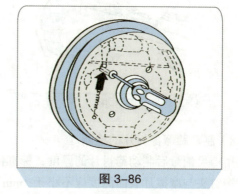

图 3-86

（3）卸下制动蹄，如图 3-87 所示。

（4）把带压力杆的制动蹄卡紧在台虎钳上，拆下定位弹簧，取下制动蹄，如图 3-88 所示。

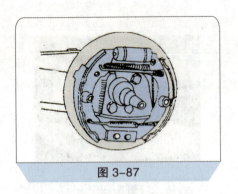

图 3-87

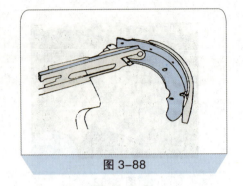

图 3-88

（5）制动轮缸的解体，如图 3-89 所示。

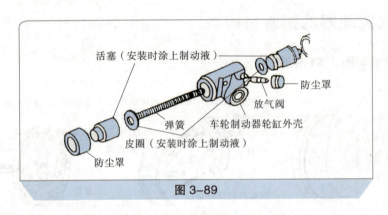

图 3-89

（6）装上回位弹簧，将制动蹄装在压力杆上，如图 3-90 所示。

（7）将制动蹄装在压力杆上，如图 3-91 所示。

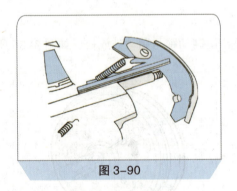

图 3-90

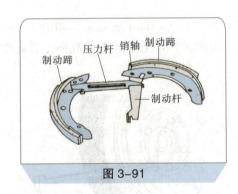

图 3-91

（8）制动蹄摩擦衬片的检测。

①用卡尺测量后制动蹄衬片的厚度，标准值为 5mm，使用极限 2.5mm，如图 3-92 所示。

②铆钉头与摩擦片表面深度应不小于 1mm，以免铆钉头刮伤制动鼓内表面。

（9）后制动鼓磨损与尺寸的检测，如图 3-93 所示。

用卡尺检查内孔尺寸，标准值为 180mm，使用极限为 181mm。用工具测量制动鼓内孔的圆度，使用极限不超过 0.125mm。

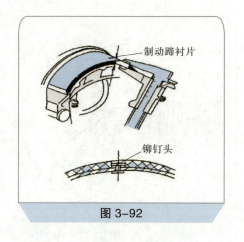

图 3-92

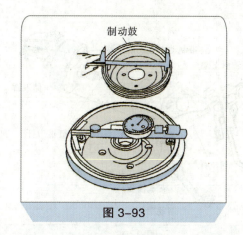

图 3-93

四、驻车制动器的调整

驻车制动器分解如图 3-94 所示。

旋紧图中箭头所示调整螺母，直到用手不能旋转两个被制动的后车轮为止，如图 3-95 所示。

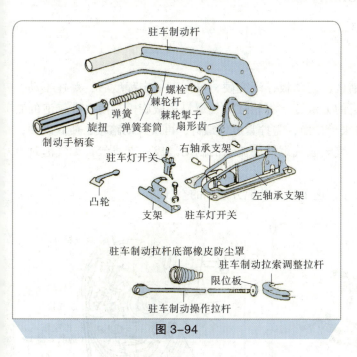

图 3-94

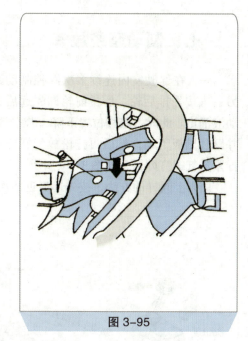

图 3-95

五、制动器踏板的拆卸与调整

制动踏板分解如图 3-96 所示。

制动踏板的行程调整：踩下制动踏板，直至感到有阻力为止，测量该行程即为踏板自由行程，如图 3-97 所示。

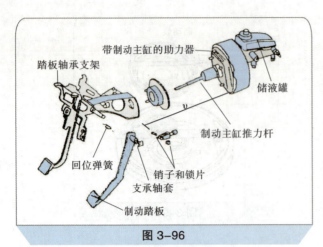

图 3-96

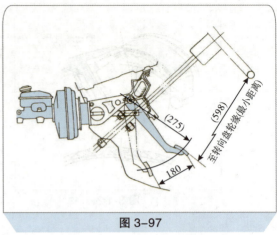

图 3-97

六、制动主缸和真空助力器的分解

制动主缸和真空助力器分解如图 3-98 所示。

七、制动系统放气

一人在驾驶室内连续多次踩控制动踏板，使踏板逐渐变硬，升高至一定程度后，踩住不动。另一人按先排后轮、后排前轮即先远后近的方法逐一将轮缸放气螺钉稍微旋松，使夹有气泡的制动液涌出。此时，踏板位置下降，若空气未予排净，需拧紧放气螺钉，再次踩动踏板，使其发硬，并踩住踏板不动，然后再拧松放气螺钉，直至放气螺钉处流出的制动液成一直线状且无气泡时再拧紧放气螺钉即可，如图 3-99 所示。

用以上同样的方法，按先远后近的次序，逐个放出其他分泵中的空气。

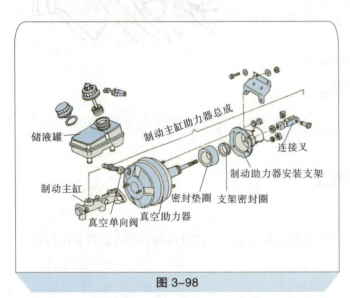

图 3-98

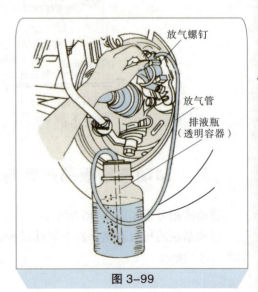

图 3-99

八、ABS 系统的拆装与维护

ABS 控制器及其附件分解如图 3-100 所示。

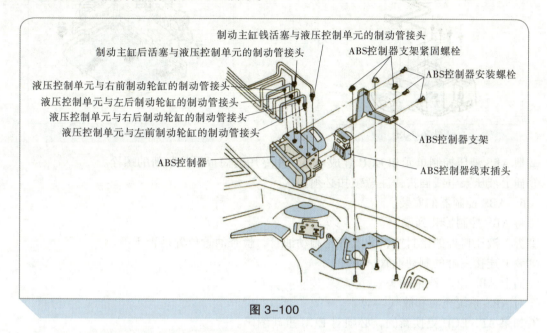

图 3-100

（1）拔下 ABS ECU 针插头，如图 3-101 所示。
（2）用踏板架固定制动踏板，如图 3-102 所示。

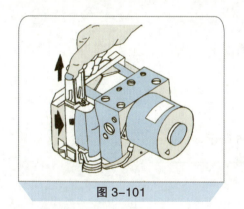

图 3-101

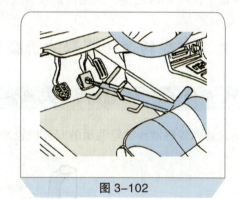

图 3-102

（3）拆下制动油管 A 和 B 的油管 1～4，如图 3-103 所示。
（4）ABS 控制器的分解。
①压下接头侧的锁止扣，拔下控制单元上液压泵（V64）电线插头。
②用专用套筒扳手拆下 ABS ECU 与液压控制单元的四个连接螺栓，如图 3-104 所示。
③将液压控制单元与电子控制单元分离。注意：拆下液压控制单元时要直拉，别碰坏阀体。
④在 ABS ECU 的电磁阀上盖一块不起毛的布。
⑤把液压控制单元和液压泵安放在专用支架上，以免在搬运时碰坏阀体。
（5）ABS 控制器的装配。
①装配场地必须清洁，不允许有灰尘及脏物。

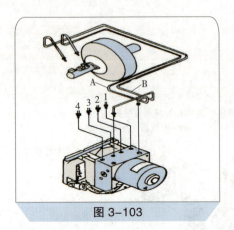
图 3-103

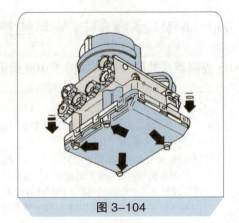
图 3-104

②把 ABS 液压控制单元和 ECU 装成一体,用专用套筒扳手拧紧新的螺栓。
③插上液压泵电线插头,注意锁扣必须到位。
(6) ABS 控制器的安装。
①将 ABS 控制器装到架上。
②拆下液压口处的密封塞,装上各轮制动油管,检查油管位置是否正确。
③装上连接主缸的制动油管 A 和 B。
④插上 ABS ECU 线束插头。
⑤对 ABS 系统充液和放气。
⑥如果 ABS ECU 更换新的,必须对 ECU 重新编码。
⑦打开点火开关,ABS 警告灯须亮 2s 后再熄灭。
⑧使用故障诊断仪,先清除故障存储,再查询故障代码。
⑨试车检测 ABS 功能,须感到踏板有反弹。

九、车轮转速传感器的拆装与维护

1. 前轮转速传感器的拆装与维护

前轮转速传感器和前轮轴承的安装位置如图 3-105 所示。

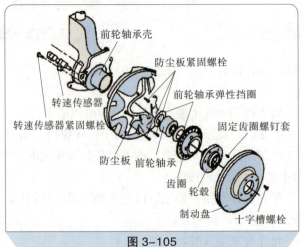
图 3-105

（1）拆卸前轮转速传感器，如图3-106所示。
（2）检查齿圈轴向摆差，如图3-107所示。

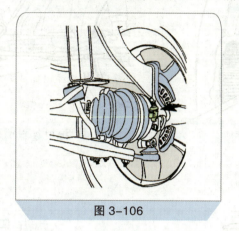

图3-106

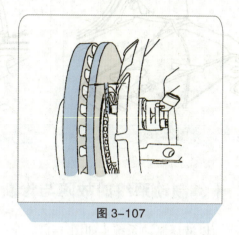

图3-107

2. 后轮转速传感器的拆装与维护

后轮转速传感器和后轮轴承的安装位置如图3-108所示。

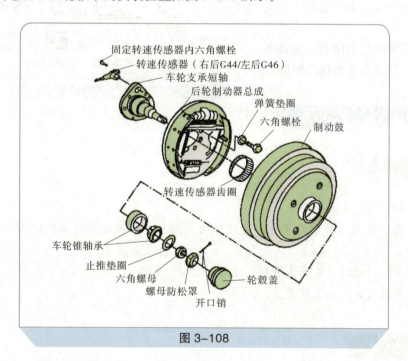

图3-108

（1）拔下后轮传感器连接插头，如图3-109所示。
（2）拆下传感器紧固螺栓，如图3-110所示。
（3）按图箭头所示方向取下后梁上的转速传感器导线保护罩，拉出导线和导线插头，如图3-111所示。

图 3-109

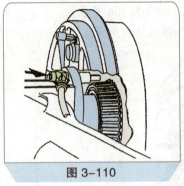
图 3-110

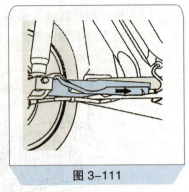
图 3-111

十、制动系统的故障与诊断

下面以液压制动系统（如图 3-112 所示）为例，进行故障诊断与分析。

液压系统常见故障部位有：制动主缸（通气孔、皮碗、回位弹簧）、制动器（制动蹄、制动盘、制动轮缸）和管路等。

液压制动系统常见故障有：制动不灵、制动失效、制动拖滞和制动跑偏。

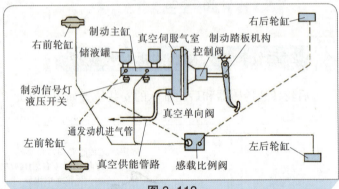
图 3-112

1. 液压制动不良故障

（1）故障现象

a. 制动时不能迅速减速或停车。
b. 第一次踏下制动板时制动不良，连续踩踏制动板，踏板逐渐升高，但脚踏触感减弱，且制动效果不佳。
c. 汽车行驶中制动时，驾驶员感到减速度小。
d. 汽车紧急制动时，制动距离长。

（2）故障原因

a. 油路故障。例如：油液不足；油液变质；管路漏油；管路漏气。
b. 制动主缸、分缸故障。例如：液压制动总泵和液压制动分泵的橡胶圈老化、发胀、磨损变形，活塞与缸壁磨损过大；出油阀、回油阀密封不严，贮液室内制动液不足。
c. 制动踏板自由行程故障。例如：制动踏板自由行程过大；制动主缸和工作缸推杆调整不当或松动；踏板传动机构松旷。
d. 真空增压装置故障。例如：真空管漏气；控制阀阀门密封不严，气室膜片破损，控制阀活塞和橡胶圈磨损；增压缸活塞磨损过多，回位弹簧过软。

e. 制动器故障。例如：制动摩擦片磨损严重，摩擦片与制动鼓之间间隙过大，制动盘磨损的过薄或制动鼓与制动盘之工作表面有油污；制动蹄摩擦片与制动鼓接触状态不佳，调整不良；制动盘翘曲变形，制动鼓圆度、圆柱度差，制动蹄片表面烧焦，蹄片松动脱落，铆钉露出，鼓式车轮制动器浸水；制动蹄回位弹簧过硬，制动蹄轴锈蚀卡死。

f. 其他故障。例如：制动管路中有空气，或油管凹瘪，软管老化、发胀，内孔不畅通或管路内壁积垢太厚；储液罐制动液不足或变质；制动主缸、制动轮缸的皮碗、活塞、缸壁磨损过甚；制动主缸、制动轮缸、管路或管接头漏油；制动鼓磨损过甚，或制动间隙调整不当；制动主缸出油阀、回油阀不密封或活塞回位弹簧预紧力过小，或进油孔、补偿孔、储液罐通气孔、活塞前贯通小孔堵塞；制动主缸或制动轮缸皮碗老化、发胀；制动器摩擦片（制动盘）制动鼓（制动钳）的接触面积小，制动蹄摩擦片质量欠佳或使用中表面硬化、烧焦、油污；增压器助力器性能不佳或失效；制动踏板自由行程太大。

（3）故障诊断流程

故障诊断流程，如图3-113所示。

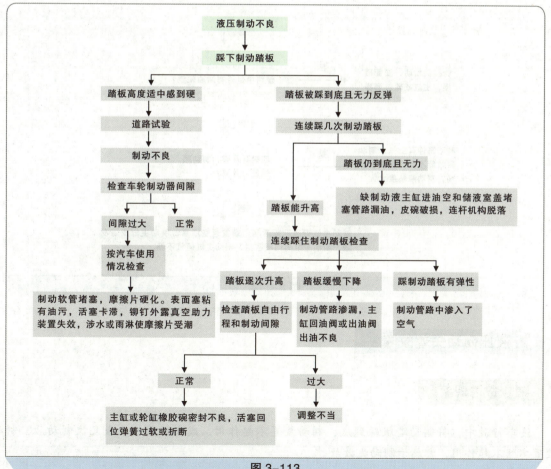

图 3-113

（4）液压制动系统制动不良常见原因诊断流程

故障诊断流程，如图3-114所示。

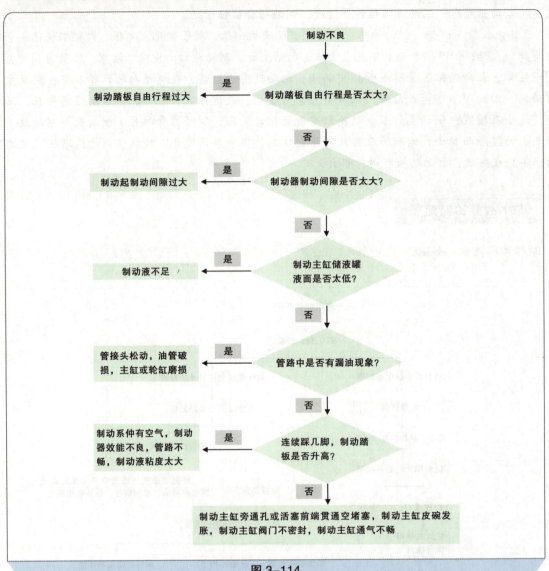

图 3-114

2. 液压制动失效故障

（1）故障现象

汽车行驶中，将制动踏板踩到底，制动装置不起作用，或在使用一次或几次制动后，制动装置突然不起作用，都属于制动失效故障。

（2）故障原因

a. 液压制动总泵故障。例如：制动总泵内制动液严重不足；制动总泵橡胶皮碗、橡胶圈严重磨损，或橡胶皮碗被踏翻；制动总泵和制动分泵之间的管路断裂，或接头松脱，严重漏油；制动踏板传动机构脱落断裂。

b. 液压制动分泵故障。例如：制动分泵橡胶皮碗严重破损，或橡胶皮碗被顶翻；制动分泵活塞在缸筒内卡死；制动分泵进油管被压扁堵死；制动分泵排空气螺钉松动、脱落或丢失。

c. 车轮制动器故障。例如：制动器摩擦片大面积脱落，摩擦片严重烧蚀；制动鼓和制动盘开裂、破裂。

（3）故障诊断流程

故障诊断流程，如图3-115所示。

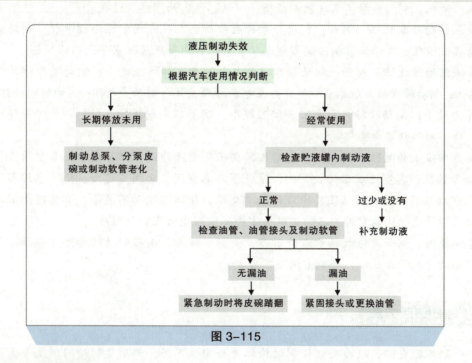

图3-115

（4）故障诊断方法

a. 踩下制动踏板，如无连接感，说明是踏板与制动主缸连接脱开。

b. 检查系统管路有无泄露或破裂（通常根据油迹判断）。管路的泄露或破裂会使回路中形成不了高压，使制动性能失效。

c. 如上述情况正常，则应检查制动主缸和制动轮缸。

3. 液压制动拖滞故障

(1) 故障现象

使用制动后,当抬起制动踏板后,全部和个别车轮的制动作用不能完全立即解除,在行驶中感到无力,行驶一段距离后,尽管未使用制动器,但仍有某一制动盘或全车制动盘发热。影响车辆重新起步、加速行驶或滑行。

(2) 故障原因

a. 液压制动总泵故障。例如:制动踏板没有自由行程,以及踏板回位弹簧松脱、折断或太软;制动踏板轴锈蚀或磨损而发卡,回位弹簧不能使其回位;制动液太脏或黏度太大,使其回油困难;制动分泵回油孔、旁通孔被赃物堵塞;制动总泵活塞发卡或橡胶皮碗发胀使其回位不灵活,堵住总泵回油孔;制动总泵活塞过软或折断;制动总泵回油阀弹簧过硬。

b. 液压制动分泵故障。例如:制动分泵橡胶皮碗被粘住或因发胀而被卡住;制动分泵活塞变形、磨损或卡住;制动油管被压扁或制动软管老化,内壁脱落堵塞导致回油不畅。

c. 车轮制动器故障。例如:制动蹄摩擦片与制动盘之间间隙过小;制动蹄摩擦片与制动盘烧结、粘住;制动蹄摩擦片脱落,其碎片夹在制动蹄摩擦片与制动盘之间;制动蹄回位弹簧脱落、折断或弹力过小;制动蹄轴与衬套配合间隙过小、润滑不良或锈蚀,引起回位弹簧转动困难;制动鼓失圆,制动盘翘曲变形。

d. 助力伺服机构故障。例如:真空增压器伺服气室膜片回位弹簧过软;真空增压器的控制阀膜片弹簧过软;真空增压器的控制阀、空气阀与真空阀三者间距过大,使真空阀与阀座距离过小;真空增压器的控制阀活塞发卡或橡胶碗发胀,使活塞运动不灵活;真空助力器的伺服气室活塞回位弹簧过软;真空助力器的伺服气室壳体变形使活塞回位困难。

e. 其他原因。例如:轮毂轴承调整不当,使制动鼓歪斜而与制动鼓摩擦片接触;行车制动兼驻车制动的手刹干未放松,或钢索调整不当。

(3) 故障诊断方法

a. 若个别车轮发热,应检查该轮制动轮缸是否回位不畅,制动器制动间隙是否太小,制动蹄是否回位不畅。

b. 若全部车轮发热,应检查制动踏板自由行程是否太小,制动器制动间隙是否太小,制动主缸是否会回油慢(回油孔不畅,皮碗发胀),真空助力器空气阀是否漏气。

(4) 液压制动系统制动拖滞常见故障原因诊断流程

故障诊断流程,如图 3–116 所示。

（5）故障诊断流程

故障诊断流程，如图 3-117 所示。

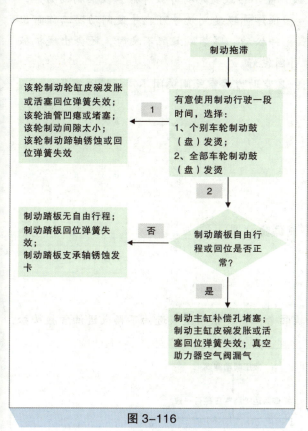

图 3-116

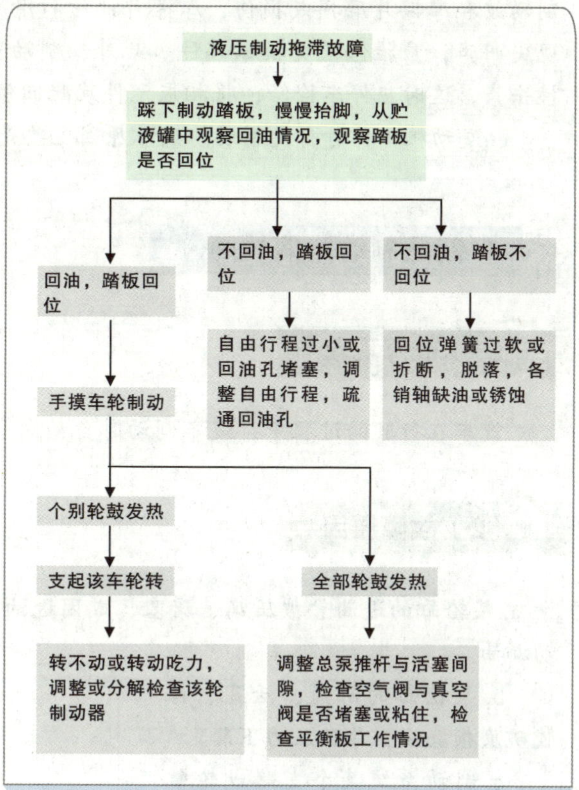

图 3-117

（6）液压制动系统的其他故障

a. 制动踏板发软或有弹性。故障原因主要是：制动系统管路中有空气，应进行放气操作；制动主缸制动主缸中活塞与缸筒间隙过大，应更换皮碗或总成；制动液不足，应补充同型号制动液至规定高度等。

b. 制动踏板发硬。装有真空助力器的车辆，故障原因主要是真空助力器或软管漏气，可对真空助力器真空度和阀门的密封性进行检查，若良好，再对制动系统其他部位进行检查。

c. 制动时车身抖动。故障主要原因是：润滑油或制动液污染了制动摩擦片，造成摩擦片打滑，污染摩擦片的润滑油可能源于后桥油封漏油，润滑脂可能源于车轮轴承密封件泄露，应在排除故障后更换制动蹄片；制动盘划伤或翘曲，应予更换，同轴左右两侧的制动盘应同时更换；制动钳松动或卡滞，应予紧固或润滑，必要时更换制动摩擦片；制动轮缸或真空助力器故障，应予检修等。

d. 制动器噪声。盘式制动器制动盘和制动钳之间的震颤噪声或尖叫声，多因旋转元件抛光不良，表面刮擦受损或钳体部位毛刺造成的，应逐一检修清洁，必要时更换零部件。修复旋转元件可采用不定向涡流式抛光法重新抛光其表面,利用特种型号制动盘背后装上垫块和复合材料也可以消除或降低噪声。制动盘过度磨损会导致金属刮削声,制动盘磨损超过规定限度,应更换。

鼓式制动器内摩擦片的过度磨损,制动蹄或鼓调整不当或变形将导致摩擦声或金属刮削声,制动鼓和摩擦片磨损或损伤,摩擦片油污打滑,回位弹簧轻度失效等可能导致制动器工作时出现尖叫声,应检修或更换零部件。此外,制动器元件松动、脱落或装配不良时,还会出现机械撞击声,这时应停车检修,将相应元件装配回位并固定好。

e. 发动机工作时自发制动。故障原因主要是:真空助力器空气阀关闭不严,进入空气。

4. 液压制动跑偏故障

(1) 故障现象

汽车在行驶的过程中,汽车制动时自动向一侧偏驶。

(2) 故障原因

a. 某轮缸的进油管被压扁、堵塞,或因进油软管老化、发胀而造成进油不畅或进油管接头松动漏油。

b. 某轮缸的缸筒、活塞、橡胶碗磨损漏油,导致压力下降。

c. 制动系统某个支路或轮缸内有空气未排出。

d. 各车轮制动器的制动间隙不一致。

e. 各车轮制动器的制动鼓的圆度、圆柱度,盘式制动器的制动盘厚度不符合标准。

f. 各车轮制动器的制动蹄回位弹簧弹力相差过大。

(3) 故障诊断流程

故障诊断流程,如图3-118所示。

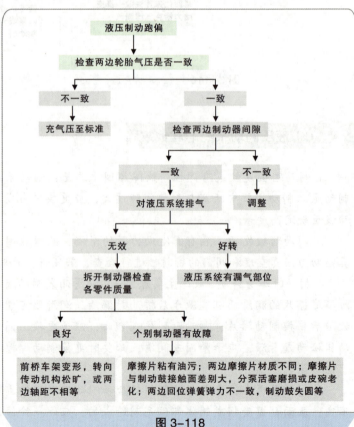

图3-118

十一、制动系统故障案例

1. 案例一

（1）故障现象

一辆 2015 款赛欧 SLX-AT 轿车，行驶里程 2.6 万 km。据车主反映，制动时需要将制动踏板踩到很低的位置才会有制动力。

（2）故障诊断与故障排除

发动机原地怠速工作，缓慢踩下制动踏板，踏板会不断下降，快速踩下制动踏板，踏板在较低的位置时才会感觉有制动力，保持施加踏板力，制动踏板会下降，踏板感觉柔软。

进行路试：在车速为 30km/h 左右时缓慢踩下制动踏板，车辆仍然向前行驶，明显感觉制动效果不良，如果快速踩下制动踏板，车辆可以停住，但是制动踏板位置较低。为了排除制动系统存在空气的可能，进行了制动系统放气，但是未见气泡，而且放气后制动踏板不能回位，这说明制动总泵已经不能建立油压。

故障排除：更换制动总泵后路试，故障排除。

（3）维修总结

制动总泵泄压时的常见故障现象有 2 种。

a. 缓慢踩下制动踏板，制动踏板会降到最低位置，制动油压无法建立。路试的表现为：低速行驶时，如果快速踩下制动踏板可以制动，如果缓慢踏下制动踏板则没有制动。

b. 进行制动系统放气时，制动踏板降低后无法回位，反复踩踏也无法建立油压，放不出制动液或制动液放出得很少。

制动总泵出现故障时，除了总泵自身的问题，制动液也是不可忽视的重要因素。制动液有不同的品牌和级别，即使是同一车型也会由于生产批次和技术改进等原因而使用不同型号的制动液。如果制动液混加或变质，就会使制动总泵很快损坏，或导致制动系统内产生气体。需要注意的是，制动分泵上的放气阀应该位于分泵的最高位置，以保证放气时可以将气体排出。有些车型的左右两侧的分泵装反时也可以安装，但此时排气阀处于分泵的最低位置，气是放不出来的，放出来的只是油。

2. 案例二

（1）故障现象

一辆 2014 款赛欧 SRV-AT 轿车，行驶里程 5.6 万 km，车主反映车辆制动距离过长。

(2)故障诊断与故障排除

检修过程：维修人员试车后发现制动距离明显过长，制动时感觉制动力不足。进行制动系统放气，故障依旧。观察此车的制动盘，已经进行过改装，制动盘换成了带有通风孔的大尺寸制动盘。换回原车配置的制动盘进行路试，制动性能没有明显改善。拆下制动摩擦片，发现摩擦片上的接触痕迹只有几个点。

故障排除：拆下制动摩擦片，用细砂纸仔细打磨凸出点，以使制动摩擦片进行快速磨合。车辆使用一段时间后，制动性能明显改善，故障最终排除。

(3)维修总结

制动摩擦片和制动盘是产生制动力的直接部件，它们出现的常见故障包括制动盘翘曲导致制动时车身抖动、制动摩擦片异响、制动摩擦片与制动盘接触不良导致制动力下降等。在实际检修工作中，应该重点检查摩擦片和制动盘是否经过改装以及配件是否合格。

3. 案例三

(1)故障现象

一辆2014款的捷达轿车，行驶不到1万千米，出现车轮抱死，行车困难。

(2)故障诊断与排除

经查看，此车制动踏板偏高，手刹基本正常。试车向后倒车加油时，车头上扬，不能后退。将后轮支起，用手转不动后轮。从后轮制动分泵中放出少量制动液，制动仍不能解除。由此排除制动分泵不回油的疑点，按后轮机械故障检查。

拆下后轮，用榔头敲击制动鼓，直到用手可以转动。再装复轮胎（左右后轮均如此处理），然后试车，故障排除。

4. 案例四

(1)故障现象

一辆2015款沃尔沃汽车制动打滑制动系统不灵，轻度制动时，跑偏忽左忽右，继续使用，制动失效。

（2）故障诊断与排除

路面试车制动时，检查制动踏板高度及硬度符合技术要求。

故障分析：首先确定真空助力系统工作的情况，用真空表测量真空助力泵，真空度数值达标。为确定真空助力泵和制动主缸油压分配情况，在轮缸处接表测量，结果显示：左右差值为零，而且起动真空助力与非起动真空助力，轮缸压力值减半（由 8MPa 减到 4MPa），且解除制动后，四轮转动灵活，说明进油量和回油量是正常的。

故障处理：拆下摩擦块，测量厚度均为 10mm 左右，表面粗糙度较低，且盘的表面非常光滑，更换摩擦块后，试车制动正常。故障排除。

5. 案例五

（1）故障现象

一辆行驶里程约 9 万 km 的 2014 款广州本田飞度 1.3L 轿车。该车紧急制动时，制动出现异响并且伴随着车身发抖。

（2）故障诊断与排除

a. 首先检查制动液，制动液位低于规定的位置，添加制动液到指定的位置。

b. 拆下 4 个轮胎检查制动皮，厚度均为 5.5 mm 以上，大于维修极限 1.6mm，为正常状态；发现前面 2 个制动盘有凹凸不平的槽，说明制动盘表面不平整导致制动发抖。

c. 检查前制动盘厚度为 20.2mm 大于维修极限，于是建议车主进行光碟处理。

d. 重新光碟后，使用砂纸将前制动盖接触面打磨平整，重新安装制动碟和制动片。

e. 对车辆进行试车检查，制动比较平稳，但抖动依然存在。

f. 经过仔细检查发现右前减振器有油迹的现象，于是更换右前减振器后进行试车，故障症状消失，故障彻底排除。

（3）维修总结

该车由于制动盘不平整，在踩制动的过程中振动较大，导致车身不稳定，更换减振器后故障排除。

6. 案例六

（1）故障现象

一辆红旗 H7 2014 款轿车，平常能正常行驶，但有时在缓慢停车时，有紧急制动的感觉；起步时有拖滞感；高速时油耗较大，车速受限。

（2）故障诊断与排除

故障分析：将车支起，拆检各制动器、制动分泵、卡钳导轨以及手制动拉线等，一切正常；路试并未发现异常。几天后，此车故障再次出现，并在无制动情况下推不动。用手触摸两轮轮毂，感到很热，判断故障可能出在制动总泵。

故障处理：将总泵与真空助力器的连接螺栓松开后，制动解除，车能被推动。将总泵拆下，用自制工具测量助力器顶杆长度及总泵活塞深度，发现两者间没有一点间隙。这样，长时间频繁使用制动，易使本没有间隙的总泵回油不彻底，产生制动拖滞。用0.5mm隔电纸剪成垫子夹在总泵与助力器之间固定，装复后试车，故障排除。

7. 案例七

（1）故障现象

一辆2015切诺基事故车，在送修理厂修理后，修理工说这车的制动怎么也修不好，没有制动。更换了总泵、分泵以及比例阀，还是无法解决。

（2）故障诊断与排除

故障分析：经连续几脚制动，明显感到制动管路中有气，但就是无法放出。将车举升检查，发现原来是前轮制动分泵左右装反，造成制动分泵的放气螺钉处在油缸下部。由于空气比油轻，浮在油缸的上部，所以放气时只能放出油来，空气却无法排除。

故障处理：将制动分泵调换位置装复后，试车故障排除。

一、填空题

1. 汽车制动系统由_____、_____、_____、_____、_____等组成。
2. 汽车上常用的制动器都是利用_____与_____工作表面的摩擦而产生制动力矩,称为_____。
3. 盘式制动器摩擦副中的旋转元件是以端面工作的金属圆盘,称为_____。
4. 鼓式制动器一般由_____、_____、_____、_____、_____等组成。
5. 手制动器按其结构不同可以分为_____和_____两种。
6. 常用的汽车制动效能评价指标是指_____和_____。
7. 制动系统液压助力器的液压力有_____和_____两种形式。
8. 自增力式制动器可分为_____和_____两种。
9. 气压式制动传动装置是利用_____的动力式制动装置。
10. 防抱死制动系统能以_____、_____和_____方式循环,每秒多达15次。
11. 双管路气压式制动传动装置,它由_____和_____两大部分组成。
12. 一般的防抱死制动系统的元件是:_____、_____、_____、_____和_____。
13. ABS通常由_____、_____、_____和_____等组成。

二、判断题

1. ABS有故障引起电子控制器切断或阻止系统工作,但仍然保持正常的动力助力制动作用。（   ）
2. 现代防抱死制动系统在紧急状态下为直线制动提供制动器的电子/液压往复加力作用。（   ）
3. ABS防抱死制动系统,因其限制车轮抱死,所以其制动距离会比普通制动距离大。（   ）
4. 自增力式制动器突出优点是制动效能高,但力矩增长慢,不够平稳。（   ）
5. 惯性阀调节作用起始控制压力取决于汽车制动时作用在汽车重心上的惯性力。（   ）
6. 制动时,不旋转的制动蹄对旋转着的制动鼓作用一个摩擦力矩,其方向与车轮旋转方向相反,所以车辆能减速甚至停止。（   ）
7. 鼓式驻车制动器可安装在变速器后边,也可以安装在主减速器输入轴的前端。（   ）
8. 盘式制动器的自动回位,多数是通过活塞后部的油封来实现的。（   ）
9. 气压制动的调压器是用来控制压缩机的空转装置。（   ）
10. 液压系统排空时,必须坚持从前到后的原则,有增压器的先放增压器内的空气。（   ）
11. 气压制动储气筒气压不足,会使制动不灵。（   ）
12. 真空增压器在不制动时,其大气阀门是开启的。（   ）
13. 真空增压器失效时,制动主缸也将随之失效。（   ）

三、选择题

1. 下列几种形式的制动传动机构当中，（ ）仅用在手制动上。
   A. 机械式　　　B. 液压式　　　C. 气动式　　　D. 以上均不是

2. 甲说，制动踏板的行程过大可能是由于制动液液面过低造成的；乙说，制动踏板的行程过大可能是由于液压系统内混入空气造成的。谁正确：（ ）。
   A. 只有甲正确　　B. 只有乙正确　　C. 两人均正确　　D. 两人均不正确。

3. 下列步骤除了那一项外，其余都是常用的双制动主缸维修的步骤？（ ）
   A. 为拆下主活塞总成，将副活塞限位螺栓拧下　　B. 用脱脂溶剂清洗制动主缸
   C. 用研磨法将缸内的锈全部除掉　　D. 更换所有的皮碗和密封

4. 诊断故障时，甲用压力测试器检查 ABS 系统的储能器、液压泵和控制器装置的工作状况；乙通过检查控制计算机的存储器内的代码，检查 ABS 系统。谁正确？（ ）
   A. 只有甲正确　　B. 只有乙正确　　C. 两人均正确　　D. 两人均不正确

5. 制动时，制动踏板的行程过大，下列哪项可能是其中的原因？（ ）
   A. 制动轮缸的活塞被卡住　　B. 制动蹄与制动鼓间的间隙过大
   C. 制动蹄片磨损量过大　　D. 驻车制动器调整有误。

6. ABS 系统的主要优点是（ ）。
   A. 制动距离短　　B. 制动效能好，制动时方向的稳定性好
   C. 轮胎磨损少　　D. 制动力分配合理。

7. 产生 ABS 间歇性故障的原因有（ ）。
   A. 系统电压不稳定　　B. 车轮转速传感器损坏
   C. 电磁阀损坏　　D. 线路断路

8. 下列哪些元件不属于液压式制动压力调节器的组成部分。（ ）
   A. 电磁阀　　　B. 液压泵　　　C. 真空助力器　　　D. 储液罐

9. 盘式制动器，制动盘固定在（ ）。
   A. 轮毂上　　　B. 转向节上　　　C. 制动鼓上　　　D. 活塞上

10. 真空助力器安装在制动主缸（ ），制动踏板之前。
    A. 之后　　　B. 之前　　　C. 左面　　　D. 右面

参 考 文 献

[1] 郭碧宝. 汽车悬架、转向与制动系统维修[M]. 北京：人民交通出版社，2017.
[2] 樊海林. 汽车悬架、转向与制动系统维修[M]. 北京：人民交通出版社，2013.
[3] 刘新江. 汽车悬挂、转向与制动系统维修[M]. 北京：高等教育出版社，2018.
[4] 赵青. 汽车悬挂. 转向与制动系统维修[M]. 北京：外语教学与研究出版社，2017.
[5] 林逸，陈潇凯，汤林生. 汽车悬架系统新技术[M]. 北京：北京理工大学出版社，2017.
[6] 王霄锋. 汽车悬架和转向系统设计[M]. 北京：清华大学出版社，2015.
[7] 张晋源，兰文奎. 实施汽车转向与悬架系统维修[M]. 北京：北京理工大学出版社，2015.
[8] 曾鑫. 汽车转向、行驶与制动系统检修[M]. 北京：机械工业出版社，2016.